ザ・学校社会

元都立高校教師が語る学校現場の真実

財前二郎
Jiro Zaizen

幻冬舎 MC

ザ・学校社会

元都立高校教師が語る学校現場の真実

まえがき

私は平成30年3月末に都立高校の校長として定年退職を迎えた。しかし、その辞め際というものは、教育委員会へ提出する報告書の作成や引き継ぎ業務などに追われ、ただただ慌ただしく、これまでの教員生活を振り返るゆとりなど全くなかった。

しかし、ここに来てようやく、退職後の時間的ゆとりの中で、自身のこれまで歩んできた教員人生を振り返ることができるようになった。そして、若かりし頃の思い出を懐かしむ一方で、何かもやもやとした思いが湧いてくるのを感じた。このまま何もしないで年を重ね、晩節を迎えていくことに一抹の不安と寂しさ覚えた。そして、やり残したことは本当にないのだろうかと、自問の日々が続くようになった。

そんな中で、あのもやもやとした思いが、時間の経過とともに、日に日に増していくのを感じた。そして、その思いを何らかの「形」として世に残したい、という感情が湧いてきた。それがある種のエネルギーとなって、ペンを執ることにつながった。

したがって、本書は単なる回顧録の私家本としての域にとどまらず、世に問うことにより、〝自身の思い〟を他者にも伝え、併せて、それに対するご意見も頂戴できればとの意図で書き上げたものである。そして、自らの胸の内にある、あのもやもやとしたものを解き放ちたいという思いで本書を世に出すことにした。原稿の執筆にあたっては、そうしたふつふつと湧き上がる我が身の思いを、〝熱き〟まま、その勢いで一気に書き連ねていった。

しかし、時を置き、読み返してみると、このようなことを本当に取り上げてもよいのだろうか、教育公務員としての守秘義務に触れはしないか〈注1〉、そして、実名は伏せたものの、知る人を介せば、ある程度の特定がされ、関係者にも迷惑が及ぶのではないかなど、色々と〝惑う〟ことが多くなっていった。そうこうして、思案に明け暮れているうちに、いつしか4年という歳月が経ってしまっていた。そして、執筆時の〝熱〟も徐々に冷めかけていた。

そんなある日、ふと思い出したかのように原稿に目をやった時、「こんな生き方をした教師がいたのだ」という、自身の生きてきた証としての〝印〟をどこかに残しておきたいとの願望が、以前にも増して強くなってきた。とはいえ、その印は、一般世間からしてみれば、決して〝黄金（こがね）〟に輝くようなものではなく、いわば〝染み〟のようなものなのかもしれない。けれども、私はこう考える。染みは染みでも、見方次第で〝爪痕〟にも化すことができると。

私の教員人生というものは、特に晩年、もがき苦しむことの方が多く、決して陽の当たるようなものではなかった。むしろ日陰で終わった感が強い。花に譬えるなら、〝ひまわり〟に対する〝月見草〟〈注2〉といったところか……。そういう私のような者にとって、出来得る手立ては限られている。せめて、我が身の生きた証を、大都会の、この東京の、教育界の片隅に、〝爪痕〟として残せたなら、と思う。

併せて、これから教師を目指そうとする若き後輩たち、そして管理職を志さんとする後人への〝道標(みちしるべ)〟として、本書をお贈りできればと思っている。

最後に、ご批判は甘んじてお受けするつもりである。それが世に問うた者の責任というものである。

〈注1〉法令では、「職員は、職務上知り得た秘密を漏らしてはならない。その職を退いた後も、また、同様とする」(地方公務員法第34条)とある。

〈注2〉国民栄誉賞第一号の王貞治氏と巨人軍終身名誉監督の長嶋茂雄氏に対して、元楽天監督の野村克也氏が呟いた言葉、「王、長嶋がひまわりなら、俺はひっそりと日本海に咲く月見草」より引用。

目次

第2章　2校目　中部地区の普通科高校

第5章　5校目　東部地区の定時制高校

第6章　6校目　中部地区の普通科高校

第7章　7校目　西部地区の専門高校

第8章　8校目　東部地区の普通科高校

第9章　9校目　東部地区の専門高校

最終章　現役を去った今……

巻末資料

序章

教師を目指す

私は小学校から高校までの12年間を長野県の「信州教育」を受けて育った。そういう私にとって、教師とは特別な存在であった。「長野県は『信州教育』といって独特な教育スタイルがあり、経済・産業分野において、これといった特筆すべきものがない中で、ことさら教育にだけは力を入れていた、いわゆる『教育県』であった。それ故、教師は一目置かれ、尊敬の眼差しで見られることも多かった。そして、学校は地域社会の文化の中心を担うものとして存在していた。そうした『学校』やそこで働く『教師』を、子供の頃からずっと目に焼き付けて育ってきた。だから、教職に対する思いは、〝理屈〟など一切関係なく、〝肌で感じるもの〟だった。」（「最終章／なぜ教師を目指したのか　～それは理屈を超えたもの～」より）

都会の教師に憧れて　～東京は抜群の研修環境～

地方出身の私は、都会の教師に憧れて、東京都の教員採用試験を受験した。昭和55年の夏のことであった。〝都会〟、すなわち東京の教師を目指したのには、それなりの理由があった。

まず、東京には、日本最高峰の博物館や美術館など抜群の研修環境がある。加えて数多くの出版社があり、様々な書籍が容易に手に入る。そして専門書、参考書、問題集などの執筆に関わる機会も多い〈注1〉。いつかは自分も？……。そんな〝売れっ子教師〟を夢見ていた一面もあった。

当時の私には、とにかく〝田舎教師〟で一生を終わりたくないという、何か〝ギラギラしたもの〟を追い求めていた自分がいた。そして、内面的なものよりも、見た目、外見にこだわっていた。

〈注1〉教員になってから、これまでに私自身が辞典や問題集等の書籍及び記事の執筆で関わった出版社や新聞社等は、次の通り。「三省堂」（2）、「旺文社」（2）、「山川出版社」（3）、「全教図」（1）、「日本修学旅行協会」（4）、「都政新報社」（1）、「日本教育新聞社」（1）など。※（　）内の数字は関わった書籍・原稿等の数。

教員採用試験　～一次で門前払い、浪人の身に～

さて、肝心の教員採用試験であるが……。大学4年生の時、教師になりたい気持ちは誰よりも強く、十分に満ち溢れていたが〈注2〉、肝心の試験勉強は疎かになっていた。そんな訳で、その年の公立高校の採用試験は、ものの見事に失敗し、一次で門前払いとなった。

余談ではあるが、その「不合格通知」を受け取った日のことを今でも鮮明に覚えている。当時、私は都内某所の築何十年もする古いアパートに住んでいた。郵便物はすべて同じ敷地内にある大家さん宅の郵便受けに届けられ、その後大家さんを介して受け取ることになっていた。採用試験の結果は、「はがき」で届くことになっていたので、結果は〝もろ丸見え〟状態になることは明らかであった。そこで、恥をかきたくないとの一心で、数日前から大家の郵便受けや郵便配達人のバイクの音などに敏感になっていた。幸いにして、丁度その日、配達人と出くわし、私宛てのものを尋ねると、偶然にもその時、結果通知があったので、大家にバレずに済んだという次第であった。

とはいえ、さすがの私も、その不合格通知でようやく目覚めたのか、その後大奮闘し、その年の秋に行われた「私学教員適性検査」〈注3〉では、「ＡＡ判定」をもらうことができた。この判定結果を〝武器〟に、私学教員の口を探し、積極的に〝就活〟を行うこととなったが、上手いことマッチングはしなかった。

私学教員の場合は、公立校の教員採用とは違い、民間企業の就職活動と同様に、自らが履歴書や適性検査結果などを持ち込むか、郵送するなどして積極的に〝就活〟を行わなければならなかった。そこで、まずは大学のOBを頼るなどして、自分の売り込みから始めた。また縁故、知人紹介などいわゆる「コネ採用」も巷間よく言われていたので、大学の就職課にも協力をお願いした。そんな中、大学からの紹介で某私立女子高校から話があったが、結局のところ、辞退させていただくことになった。ちなみに、その女子高は偏差値もかなり低く、課題の多い学校であった。私が「どこでもいいから」と依頼していたこともあり、紹介していただいた就職課の大物先生〈注4〉は大変なご立腹で、私の尊敬するゼミの指導教授にまでクレームをつけられた程であった。

いずれにせよ、私はかくして就職浪人の身となった。そして翌年6月の父の他界と相まって、さすがに性根を入れ替えて真剣勝負で臨まざるを得ない状況へと追い込まれていった。午前中はバイト、午後はその足で図書館、そんな繰り返しの中で、ようやく東京都の教員に合格することができた。この頃の受験倍率は、私が受験した「高校・社会」が他教科に抜きんでて一番倍率が高く、加えて、丙午の影響で採用数もかなり抑え込まれていたこととも重なって、かなりの狭き門〈注5〉となっていた。

さすがに、これ以上浪人生活は続けられない。万が一のことも考えて、東京都以外にも、長野県と愛知県にも出願していた。長野県は地元ではあるが、〝田舎臭さ〟が当時の私には性に合わず、丁度一次試験日の時にたまたま台風が接近していたこともあり、それを口実に受験そのものを放棄した。一方、愛知県は地元と隣接し、中部地方最大の都市、名古屋を擁することから受験し最終合格まで行った。

3月下旬、その愛知県の配属予定先の高校の校長先生から電話がかかってきた。「あなたに、本校の教員として、4月より来てもらうことになった。ついては、本人確認と書類手続き等があるので、いついつ来てほしい」というものであった。すでに、この時第一志望の東京都に受かっていたため、私はその電話でお断りをしなければならなかった。これぞまさしく〝ドタキャン〟だった。この時ばかりは「人の道を踏み外している」と自責の念に駆られた。先方の「この期に及んでどういうことか」という怒りが、電話口を通して突き刺さるように伝わってきた。断りの理由は、とっさに「大学院に進むことになった」と口をついて出てきた。そうした対応については、予め先輩たちから〝伝授〟されていたので、そのマニュアル通りの対応であった。

ところで、そもそも高校教師を志望した理由はというと、生活指導の占める割合が多い中学校よりも、大学の延長で、「歴史学」すなわち「学問」を通して生徒と関わっていきたいとの思いから、教科指導を重視する高校を考えた。学問、というか専門分野の探求が可能かどうかが、私の判断基準としてあった。そして、高校には、当時「研修日制度」〈注6〉というものがあり、専門性の向上において、とても魅力的な環境が整っていたことも大きな決め手となった。こうした理由から高校教員を受験したのであった。

〈注2〉 学生時代は、大学のサークル「教師をめざす会」に所属し、外部講師を招聘して教育問題に関する講演会を主催したり、日常的に仲間と教育論を熱く語り合ったりしていた。またアルバイト感覚ではなく、将来教員になることを前提に家庭教師をやり、小中学生を対象に5～6人を指導していたこともあった。そのためか、金銭的なゆとりもでき、エアコンやステレオ、ソファベットなども買い揃え、それなりの学生生活を送っていた。

〈注3〉「私学教員適性検査」 東京都内の私立中学校及び高等学校の教員を志望する者に対し、教員としての資質と適性の基礎的・基本的な事項について検査することを目的としたもので、「専門教科・科目（80分）」と「教職教養（50分）」の2つの検査が課せられる。結果はA～Dの判定が付与され、専門と教職の両方ともに優秀の場合は「AA判定」となる。（出典：「私学教員適性検査実施要項」（一般財団法人東京私立中学高等学校協会）より一部参照）

〈注4〉「就職課の大物先生」 私が以前から教員採用全般にわたって大変お世話になっていた先生で、高校の校長経験者でもあり、中学、高校の公立・私立を問わず教育界に顔が利くとの評判の先生であった。私と同郷ということもあり、常々気にかけていただいていた。先生がお怒りになられたのには、以前、私が「どこでもいいから紹介して欲しい」と頼み込んでいた経緯がある。

〈注5〉「かなりの狭き門」 私が受験した当時、高校入学の生徒の年代は、丙午生まれの影響で出生率が大変低く、高校教員採用枠が抑えられていた。

〈注6〉「研修日制度」 当時、東京都の高校には研修日の制度が存在していた。主として、専門教科の教材研究を目的に、学校を離れ図書館や大学などに通い、研鑽を積むことができるという制度であった。そして、それは週1日と決められており、それぞれの教員が自ら希望日を指定し、その指定日は基本的に学校に勤務しなくてもよいことになっていた。大体は自宅や図書館で授業準備をする方が多かったように思う。

しかし、中には〝研修〟とは名ばかりで、平日の昼間からゴルフに出掛けたり、自宅で自動車を洗車したりしている者もいた。そうしたことが都民の厳しい目にさらされ、新聞・テレビ等のマスコミにも取り上げられたりもした。そうした中で、２００２年、学校週５日制の完全実施に伴い、いよいよもって研修日の制度は廃止されることとなった。

名簿登載から正式採用へ　～門閥、学閥、コネ採用?!～

私は幸いにして、東京都の教員採用試験は、一次を通過し二次合格までいっていた。ただし、二次合格しても、任用先の最終面接で合格しないと正式採用とはならない。採用候補者として、名簿登載されただけなのである。

年度末の3月初めの頃であったであろうか、まず都立S高校から面接連絡が入った。その学校は交通が不便なところにあり、最寄り駅からバスしかなかったので、時間的なこともあり、タクシーで向かった。道すがら運転手に何気なく、学校のことを尋ねてみたが口を濁すばかりで、地元ではあまりいい評判を得られていないように感じた。受験雑誌であらまし調べてはいたものの、〝大変な学校〟には違いなさそうであった。面接に当たったのは、校長先生と教頭先生の二人であったが、正直いって上手くいかなかった。自分も相手側も双方がかみ合わなかった。だから、待てど暮らせど「結果連絡」は何も来なかった。おそらく採用の場合だけ連絡されるものだったような気がする。

やっぱり駄目だったか……。暗雲漂う中、しばらくすると、今度は、名門都立K高校の校長先生から電話があった。以前読んだ何かの雑誌で、すでにその校長先生のことは少しだけ存じ上げていた。最初に学校概要の説明を受けた後、「定時制だけどやれるか？」「日本史で受験をされているが、世界史でも地理でも、社会科全般、なんでも教えられるか？」と畳みかけてきた。自分は日本史の教師になりたい、それが第一義であるとの思いが強く、また定時制の大変さはわかっていたので、生意気にもこの話には興味がない素振りの対応をしてしまった。その背景には、愛知県も受かっていたことがそうさせたのかもしれない。従前、一旦断ると「任用カード」は一番後に回され採用が遠のいていく、声を掛けられたら二つ返事で引き受けなければいけないと、大学側より強く指導されていた。にもかかわらず、その時の自分は立場もわきまえず、〃売り手市場〃の強気の姿勢を崩さなかった。そんな訳でK高校以降、ピタリと声が掛からなくなってしまった。

そんな3月も後半に差し掛かったある日、都立I高校から電話がかかってきた。「採用面接をするからいついつに来るように」。その時、何となくこれまでのやり取りとは全く違う空気を感じた。面接も高圧的で、問答無用で迫ってくる。私の意志も聞かず、「お前をとってやるから有り難く思え」「正式に採用となったら、酒くらい持って来い」。これが面接時に交わされた会話である。実はこの口の悪い校長先生は、後でわかったことだが、大学のOBで大先輩にあたる方であった。この当時は、試験に合格さえすれば、後はコネや学閥の人脈がかなり強烈に利くといわれていたが、まさにその通りであった。

なお、余談ではあるが、4月に行われた歓送迎会の折、例の校長先生が「まだ酒が届いていないぞ」と、アルコールの勢いもあってか冗談とも本音ともとれるような催促をされた。「誰のお陰で教員になれたかわかっとるよな」とも言われた。さすがに鈍感な私も、慌てて校長先生のご自宅に一升瓶を送り届けた。今ではとても信じられないことであった。

第1章

1校目 中部地区の専門高校

昭和57年4月、いよいよ教員生活がスタートした。新米教師の凄まじいドラマの始まりである。初任校で、まず配属されたのが教務部というところであった。その部署を2年間務めて、3年目から学年に入り、受け持ち学年を卒業させて、自らも異動という名の卒業となった。よって、当該校の在籍は5年間ということになる。

組合と非組の対立　～社会科VS体育科～

最初の配属校は、中部地区の専門高校であった。ここの教員集団は、組合員と非組合員の対立が激しく、職員会議も二派に分断され、座席も〝色分け〟されていた。最初はそうとも知らず、空いている席に適当に座っていると、先輩教員から「その席は組合の人間が座る席だ。いつからお前は組合員になったんだ」と叱責というか恫喝された。よくよく考えてみると、職員集団の6割が組合系、4割が非組合系（非組）という構図であった。当時、東京都全体では、ほとんど9割以上が組合員であったといわれている状況からすると、初任校は非組がわりに強かったといえる。そのような中で、私は最終的に〝非組の道〟を選んでいくこととなる。

さて、組合の中核は社会科のS氏、非組のそれは体育科のY氏であった。ちなみにS氏は生徒の成績評価で、「オール5」をつけたことで全国的に反響を呼んだ人物でもあった。私の初任者としての立ち位置は非常に微妙なものだった。なぜなら、教員になって初めて任せられた部活動顧問は剣道部で、その部の顧問として非組の大ボス、Y氏が君臨していたからだ。ここにすでにY氏との間に上下関係が否応なく成立した。一方、私は社会科の教員でもあることから、S氏とは、教科会や教科研修会の度に定期的に顔を合わせなければならない状況にあった。そんな中で、八方美人と化して、苦しい立ち居振る舞いを演じなければならなかった。このような事情もあってか、ある意味、組合に入る機会を逸し、教員人生において、生涯、〝非組〟で通すこととなった。

生徒指導は命がけ　～「ぶっ殺すぞ！」と留守電に～

教員集団もさることながら生徒たちも凄まじかった。そして校内でも〝身の危険〟を感じることもしばしばあった。男子はリーゼントヘアに剃りこみを入れ、眉も剃っていた。女子は口紅を塗り、ロングスカートの出で立ちで、薄い学生鞄か紙袋（万引き用？）〈注１〉をいつも携行していた。ある意味、〝都会の学校〟だった。

着任１年目の数か月が過ぎた頃だっただろうか、放課後、校舎内を歩いていると、廊下の向こうの方から丈の長いスカートの女子生徒が、私の方に笑みを浮かべながら近づいてきた。そして彼女は一瞬、私の前で立ち止まったかと思うと、「先生、ネクタイが……」といって、優しく直してくれるようなしぐさをしたかと思うと、いきなり態度を豹変させて、ネクタイを締め上げ、「いい気になって、調子こいてんじゃねーよ」と、ドスを利かせた声で吐き捨てるように去って行った。振り返ってみれば、思い当たる節がないわけではなかった。私は４月の着任式で、全校生徒に向かって、「この〝フレッシュ〟な気持ちを忘れることなく頑張っていきます」と挨拶した。当時、テレビＣＭで「ファミリーフレッシュ」という商品名の洗剤が流行っていたこともあり、この挨拶以後しばらくは、廊下、授業など色んな場面で、「フレッシュ先生」という女子生徒の黄色い声を浴びることが続いたからだ。

さて、生活指導面では、最初が肝心とばかり、かなり強気の姿勢で臨む自分がいた。ある日の授業中、私のこの強気な態度に男子生徒たちがキレて、何人もの生徒（全員剃りこみの連中）に取り囲まれて袋叩きにされる寸前までいったことがあった。またある時は、学校内に徘徊する不良生徒（彼らは授業を中抜けして、校内を徘徊しトイレで煙草を吹かしていた）を許してなるものか、という私の発言がいつの間にか彼らのボスに伝わり、深夜、自宅の電話に「よくも若い衆をかわいがってくれたじゃねーか」「ぶっ殺すぞ！」と、何度も何度も、繰り返し繰り返し、毎日毎晩、嫌がらせの電話があった〈注2〉。そうしたことがしばらく続き、気がめいってしまった時期もあった。……「ここで勤まれば、どこでも通用する」、先輩教員の口癖が今でも聞こえてくる。

〈注1〉 当時の不良生徒たちは、学生鞄を持たないか、また持ったとしても特注の薄い鞄を愛用していた。加えて、彼らは大きめの紙袋を持参し、店内のお目当ての品を物色し、袋の口に落とし込む?という手口で万引きをするのが流行っていた。

〈注2〉 このような中で、さすがの私もたまりかねて、自宅の電話に留守番電話機能のある機器を備え付けることにした。当時〝留守電〟は、まだ珍しくテレビドラマなどで見かけるものの、一般家庭用としては普及しておらずかなりの高額なものであったが、あまりにも頻繁にかかってくるものだから有り金を叩(はた)いて購入したのであった。

デモシカ教師　～「デモシカ」と自称しながらも～

私が着任した頃、先輩教員の中には、「デモシカ教師」〈注３〉の残党と思しき教員がまだいた。一世代前の先輩教員の時代はというと、「デモシカ教師」（教師にデモなるか、教師にシカなれない）という言葉が風靡していた時代であった。そういう先輩集団の中に飛び込んでいくところから私の教員生活は始まった。

彼らは、自らを「デモシカ」と自称しながらも、私たち若手教員に対し、人一倍、目を掛け、声を掛け、気に掛けて、熱く指導していただいた。正直言って、本当に助けられた。心から感謝したい、と今つくづく思う。

翻って、今のベテラン教師たちは、どうなのだろうか。彼らのように、若手を包み込むような〝節介〟を焼く姿は全く見えてこないのだが……。

〈注３〉「デモシカ教師」 デモシカとは、１９６０～１９７０年代の高度経済成長期の日本で、教員不足による採用枠の拡大で、志願者のほとんどが採用された時代に、他にやりたいことがないから「先生でもなるか」、また特にこれといった能力もないので「先生しかなれない」などといった消極的な動機で教員になった者の蔑称である。

そもそもは、1950年〜1960年代前半に、学校の授業をなおざりにし、安保闘争や勤評闘争などの組合系活動に没頭していた教員に対し、「デモしかしない先生」と揶揄したのが始まりといわれる。1990年代以降、採用試験の倍率が高くなり、教職への道は一段と狭き門となっていった。以後「デモシカ」という語は使われなくなった。（出典：『ウィキペディア』より「でもしか先生」https://ja.wikipedia.org/wiki/2020年5月17日〈日〉16：24一部参照）

職員室の風景　〜お局様と老獪な先輩たち〜

私が配属された教務部という部署は、主に時間割作成、定期考査、入学者選抜、教科書選定、講師連絡などを担当するところであった。そこには、50代後半の保健体育科の女性教師がいた。お局様のような、いうなれば、師範学校出の折り目正しい背筋のピンと伸びた、厳しい〝教育係〟とでもいった女性教師であった。私はその方に、着任早々、「新米教師の心得」を伝授された。まず、誰よりも早く出勤し、先輩教師の机を雑巾がけする。次に湯を沸かし、職員室にあるすべての魔法瓶（4、5本？）に湯を満たす。そして先輩が出勤するや「おはようございます」と元気よく挨拶し、お茶を差し出す。これが新米のやるべき〝朝のお勤め〟（日課）であるとの教えを受けた。

　さて、授業も終わり放課後ともなると、これまで流れていた空気は一変し、職員室の一角に4、5人の塊が2つ、3つできる。何をしているのかと覗き込むと、囲碁、将棋に興じているではないか。さらに別の年輩グループは、テレビの前に集まって相撲中継に見入っている。そんな中、傍らの自席で授業準備をしていると、漏れ聞こえてくるのは、退職金の話である。「退職金で別荘を買うつもりだが、いい物件はないか」「早期退職（勧奨退職）だと、どれくらいもらえるのか」といった話である。20代の若手には全く無縁の〝桁外れな数字〟が飛び交う。我々世代の退職金とは全く比べ物にならない程の高額なものであった。今ではとても考えられない、「デモシカ天国」だったということだ。

　ところで、午後5時の退勤時刻を過ぎると、そうした先輩たちは、「待ってました」とばかり、一目散に校門を出て、行きつけの雀荘へ。そうでないグループは、駅前の居酒屋「○○乃瀧」の暖簾をくぐる。先輩たちは、よくホッピーという安価な酒を注文していた。そうした先輩たちからよく誘われ、断るのが大変であった。授業準備や教材研究を口実に断ろうとすると、「〝飲むこと〟が生きた勉強」といって叱られた。翌日、飲みすぎて出勤に間に合わなかったり、酒臭い状態で教壇に立ったりと、今では考えられない光景があちらこちらに見られた。そういえば、教頭席も、朝からプンプンと臭っていた気がする。

新採2年目にして入学者選抜の主担当?! ～大シゴトの後は大トロ尽くし～

次年度も分掌は教務部で変わらなかった。しかし、2年目にして大役を仰せつかることになってしまった。それは入学者選抜（略称：入選）の主担当を任せられたことである。〝入選〟は、どこの学校でも一般的には、若手が主担当として取り仕切ることはまずない。戦場に譬えるなら、初年兵に指揮官を任すようなものだ。当然、先輩方を使えるわけもなく、連日夜遅くまで自分一人だけで準備に追われた。

入選が終わった時、教頭が私のところにやってきて、「校長先生のお誘いである。今日は空いているか。労をねぎらうので付き合って欲しい」とのことだった。そんな訳で、寿司屋と高級バーの〝接待〟を受けることになった。寿司屋では〝大トロ尽くし〟。カウンター席で、校長と教頭の二人の間に挟まれて、「食え」「食え」と言われたが、残念ながら味はわからずじまいだった。寿司屋の後は「まだ時間はあるだろう？」と、タクシーで教頭行きつけのお店へ。いかにも高そうなバーだった。これはまさに〝都会の学校〟だった。

ところで、その翌朝、〝朝のお勤め〟を終えた私のところに、例の教育係のお局様がやってきた。また小言を言われるのかと構えていると、「たった一人で、本当によくやりましたね。私はずっと見ていましたよ」と。いつもの鬼の形相が女神のような眼差しだった。その時ばかりは、堪（こら）えても堪えても、こみ上げてくるものが溢れ出て、どうにもならなかった。前夜の校長、教頭のもてなしよりもパンチが効いた〝一撃〟であった。たったの一言で私は撃沈した。さすが教育係！　厳しさの中の……。

初めての担任　～悪は絶対許さない！　毎日がドラマチック?!～

着任後、２年間教務部を勤め上げ、いよいよ学級担任である。１年生の入学時から３年後の卒業まで、学年という分掌〈**注：**部署のこと。学校社会では「分掌」という呼称をしばしば使う〉で生徒と関わりを持った。その３年間の中で、１年担任の時が一番生徒指導に燃えた時期でもあった。

当時の私は、生徒指導を刑事や検事のような感覚で捉えていた。そして「悪は絶対に許さない」「正直者が馬鹿を見ない」を信条とし、生徒と真正面から対峙した。少なくとも自分の学校では、少なくとも自分の学年、自分のクラスでは、と意気込んでいる自分がいた。そしてそれは異常なまでに頑なで、柔軟性のかけらもないガチガチのスタイルだった。妥協とは悪事を許すこと。許すということは悪を認めること。だから断じて安易な妥協はしてはならない。そんな頑なな考えで凝り固まっていた。そして当時は、東京地検特捜部に憧れ、映画やドラマも検事や刑事ものをよく観て疑似体験をしていた。その頃流行っていたアーノルド・シュワルツェネッガー主演の映画『コマンドー』やシルヴェスター・スタローン主演の『ランボー』などにも異常な興奮を覚え、ある種の〝勇気〟をもらっていた〈注4〉。

また、ある時は、指導に乗ってこないクラスの生徒に対し、担任の独断で「君は何度指導しても改善が見られないので、明日から1週間、自宅謹慎を命ず。ついては、明日から学校に来なくてもよい」と。こうした担任の独断による「懲戒」〈注5〉指導を数回行った。「懲戒」は、言うまでもなく、校長の専権事項であり、一教員の判断で行うことのできるものではなかった。このことは、しばらくして管理職の知るところとなり、私は校長室に呼ばれた。校長は「どうして勝手なことをするのか？」と尋ねられたので、私は「校長先生！　このままでは校内に悪がはびこります。私はこの学校をよくするためにやりました」と、悪びれることもなく平然と言ってのけた。

毎日、毎日がドラマチック?!で、次から次へと、とんでもない事件が起きる。そんな中で、自分が自分に酔って突っ走っていたような気がする。そして、同じ学年の若手同僚と定期的に〝張り込み〟を行い、隠れて煙草を吸っている生徒や無断でバイク通学〈注6〉をする生徒を〝検挙〟するようなこともやっていた。この頃の私は、教師なんか辞めて刑事をやるのも悪くはないなと本気で思っていた。

そんな気にさせたのは、自分のクラスには、とりわけ問題行動を繰り返す大変な生徒が4名〈注7〉もいたからかもしれない。授業の中抜け（サボリ）、無断早退、喫煙、バイク通学、万引き、暴力などが日常的に繰り返され、揚げ句は警察と大捕り物をやる始末。拘留されている生徒を引き取りに行った時、初めて警察の「取調室」なるものを目の当たりにした。テレビドラマで見るのと全く同じだった。

私は担任として、事あるごとに家庭訪問を行った。ある時、母親が私を出迎えるなり、いきなり土下座をされて、「やめさせないでくれ」と懇願されたことがあった。そしてテーブルに目をやると、寿司桶が用意されていた。その時の訪問は、まさに退学勧告を伝えるためのものであったので、さすがに箸をつけるわけにはいかなかった。その後、その生徒は進路変更を表向きの理由として退学となった。後日母親から長文の手紙をいただいた。その手紙の中にこんなくだりがあった。「先生は、腐った果実は切り捨てる〈注８〉というお考えのようです。それが本当の教育なのでしょうか。」この言葉は、いまだに私の心に突き刺さったままである。

〈注４〉『コマンドー』、『ランボー』ともに米国の勧善懲悪のアクション映画で、ちなみに、『コマンドー』の日本公開版の宣伝キャッチコピーは「許せない!!　奴らは、ただでは済まさぬ！」だった。

〈注５〉「懲戒」懲戒は、学校教育法及び学校教育法施行規則等に明記され、生徒指導上、生徒の問題行動を反省させ、正常な学校生活を送れるようにするために行われるものである。懲戒の内容として、退学、停学、訓告などがあり、自宅謹慎なども懲戒の一種である。

〈注６〉「三ない運動」（正式名称は、「高校生に対するオートバイと自動車の三ない運動」）１９８０

年代、バイクブームにより増加した交通事故や暴走族による危険走行により、オートバイに対する否定的なイメージが社会に広まったことを背景に、1982（昭和57）年、社団法人全国高等学校PTA連合会は高校生の生命を守る観点から、オートバイの「免許を取らせない」「乗せない」「買わせない」といった「3つの指針」を掲げた「三ない運動」を推進した。（出典：『ウィキペディア』より「三ない運動」https://ja.wikipedia.org/wiki/2020年6月26日〈金〉20：00　一部参照）

〈注7〉「大変な生徒が4名」 私は彼ら全員を退学に追い込んだ。当時の私には担任としてそれを是とする自分がいた。彼らのとった行動がどうしても許せなかった。今思うに、担任が私でなかったなら、彼らにとってもっと違った人生（高校生活）があったのかもしれないと思うと慙愧に堪えない。20代の若手教師の力量の無さと無責任さを痛感する。

〈注8〉 1980年代に一世風靡したTVドラマ『3年B組金八先生』の教師役として出演していた武田鉄矢が、不良少年の悪影響を譬えて言った〝腐ったミカン〟の一シーンがある。それは箱の中に腐ったミカンが一個でもあると、他のミカンにも菌が蔓延することから、一人の不良少年がクラス全体に悪影響を与えることをミカンで表現したものだった。俗に〝腐ったミカンの方程式〟とも言われた。当該生徒の母親は、恐らくこのようなことを踏まえて「腐った果実は切り捨てる」と記したものと思われる。（出典：「腐ったミカン」に関わる複数のインターネット掲載記述を部分参照）

研修意欲に燃える　～大学・研究会・博物館・読書～

今、こうして振り返ってみると、教員として、この頃が最も充実していたのかもしれない。先に触れた生徒指導に加えて、教科の専門性を高めるための「研修」にも〝がむしゃら〟に燃えていた。時間を見つけては、東京大学や早稲田大学などの大学での聴講や、池袋にあった韓国文化院〈注9〉などで催される原始・古代史関係のセミナーなどにも足しげく通っていた。

さらに専門性を高めるため、「歴史」の研究会にも積極的に参加していた。しかし参加者のほとんどが40代以上の大先輩ばかり。行く先々で必ずと言っていいくらいに決まって聞かれることがあった。それは「お若いようですが、御幾つ？」だ。20代の若手教員にとって、早く30代になりたかった自分がいた。そして、年を気にせず堂々と参加したかった。自分にとって、研究会参加の最低基準は30歳以上が相場と勝手に思い込んでいたからだ。

ところで、夏休みや冬休みなどの長期休業ともなると、私は、40、50冊近い書物を乱読していた。そして、机上に読破した書籍をうず高く積み上げては眺めることで満足感に浸っていた。そして、自分の〝書斎づくり〟にも熱を入れ、読みもしない歴史大辞典、百科事典や美術全集などローンを組んでまで買い揃え、本に囲まれることに至福の喜びを感じていた。

また、その他、芸術分野にも野心的に触手を伸ばし、美術館、博物館巡りを片っ端からこなしていた。さらに歴史教師としての専門性を磨くため、史跡探索を個人で計画したり、歴史ツアーに参加したりと大変意欲的であった。

〈注9〉「韓国文化院」 正式名称は駐日本国大韓民国大使館 韓国文化院。日本における韓国文化の総合的な広報を担う韓国政府の機関。機関誌を発行し、講演会や展示会などを定期的に開催し、特に古代から近世に至る日朝関係史のイベントは特筆すべきものがあった。

当時は職場近くの東京・豊島区池袋のサンシャイン60ビル内にあって、無料で著名な学者の講演を聴講することができたため、足しげく通っていた。現在は新宿区四谷の新庁舎へ移転。

(出典：『駐日韓国文化院公式ホームページ』より「韓国文化院」一部参照)

この頃の授業 ～食うか食われるか?!～

授業実施に当たり、最初に押さえておくべきことがあった。それは〝授業スタイル〟である。まずは「形」で、次に「中身」だ。授業スタイルというものは、学校の実態により異なるが、私が着任した学校は、仮にどんなに興味深く好奇心をそそるような内容であったとしても、聴く姿勢、環境をつくってからでないと何事も始まらない学校だった。要は、聞く耳を持たない者に対しては、何を言っても無駄ということだった。

そこで、まずは授業の〝環境づくり〟から始めた。そして、何事も最初が肝心というが、年度当初の最初の授業は、1年のうちで〝最大のエネルギー〟を投入して臨んだ。なぜなら、教師と生徒の〝力〟関係がそこで決まってしまうからだった。もっというなら、〝食うか食われるか〟の瞬間がそこにあったからだ。最初の授業で何を話し、何を示すのか。教える側と教わる側の関係、立ち位置を明確にし、指導者としての絶対性を植え付けるのである。それはあたかも〝動物の調教〟のようなものだった。

そして、縁起も担いだ。プロ野球などの勝負ごとに例えるなら、４月の〝開幕戦〟は必ず〝勝負飯〟を食し、その年の授業を始めた。私にとっての勝負飯とは、その時々の懐事情にもよるが、大抵「鰻重」か「かつ丼」と決めていた。

さて、授業を具体的にどのように行ったのか。まずは聴かせる態勢をつくる。そのためには、定期考査つまりテストの点数よりも、普段の授業への取り組み姿勢、即ち授業態度を重視し評価する旨を伝える。その授業態度を客観的に評価するために、授業終了直後に抜き打ちでノートを提出させる。後で繕って提出しても受け付けない。そしてそのノートは、ただ単に板書事項を書き写すだけでなく、教師の説明したこともしっかりとメモることを求めた。また石器や土器、古文書などの新発見など、歴史に係る新聞報道の切り抜きも自主課題として提出させた。

授業の形が整ってくると、生徒の中から、歴史の面白さ、楽しさをもっと詳しく教えて欲しいという要望が出てきた。そこで、夏季休業を使って、授業内容の抜本的な再編成と徹底した教材研究を行い、膨大な歴史的エピソードを収集した。そして授業に幅と深みを持たせるべく、要所、要所にコラム的にエピソード等の肉付けを行っていった。そうこうしていくうちに、生徒の目が輝き、興味津々と私の授業に聴き入ってくるようになってきた。教える側としても自らの説明に酔いしれていく。そんな楽しい授業になっていった。

しかし、その指導法には最大の欠陥があった。それは教材研究をすればするほどネタが増え、これも教えたい、あれも伝えたいと、のめり込み、進度が遅々として進まなくなってしまうことだった。幸いにして、その学校は大学受験者が皆無で、１００％就職する学校であったので、教科書を終わらせなくても何とかなった。そんな訳で、進度そっちのけで、生徒の興味・関心を重視していく授業を展開していった。

そして、年に何回か「特別講義」なる〝興行〟も張った。生徒からの要望というより、教師として生徒に伝えたいこととして、講義を企画した。例えば、「新春特別講義」と銘打って、テーマに「武士道精神と日本刀」「米と日本人」「菊の紋のベールを剝ぐ」「ザ・死刑」「国旗・国歌」などを扱った。さすがに、教室に日本刀を持ち込んだり、君が代を流したりしていたら、安保世代の先輩教員からは、学校教育に「大和魂」や「君が代」は相容れないなどと苦言を呈された。また一部組合員の中からは、〝右翼〟のレッテルを張られもしたが、お構いなしに我が道を進んだ。

卒業式　～初めて送り出す生徒たち～

１年次のクラスはクラス替えを行い、２年、３年次は、持ち上がりクラスであった。３年担任時のある午後のホームルームのことである。自分のクラスに行くと、教室は空っぽで生徒は誰もいなかった。黒板に目をやると、「今日のＨＲ〈注：ホームルームの略称で、学級活動の時間のこと〉は体育館で行う。生徒は全員体操着に着替えて集合すること。担任より」と汚い字で書いてあった。一杯食わされたか……。急いで体育館へ向かうと、満面の笑みを浮かべた生徒たちが大きな拍手で私を迎えてくれた。「こんな悪戯、誰が企んだ？」と咎めるつもりだったが、いつの間にか、生徒たちと一緒にバスケットボールに興じている自分がいた。

さて、そんな楽しいひと時も束の間、彼らとの別れの時があっという間にやってきた。卒業式だ。私にとって、初めて送り出す生徒たち。担任としての演出、どうしようか。当時一番好きだった曲『マイ・ウェイ』〈注：この曲にまつわるエピソードを「「最終章／なぜ教師を目指したのか　～それは理屈を超えたもの～」で後述〉を卒業式での退場曲として流すことにした。学年会で、クラスごとに選曲し決めることになっていた。ほとんどのクラスが、生徒の意向を反映したものであったが、自分のクラスだけは、担任の意向で決めた。この３年間の自分の学級経営の集大成、その最後の記念すべき瞬間が卒業式である。自らがプロデュースし、自らが主役を演じ、自らが酔いしれる。そのための舞台に花を添える曲は、自分が一番好きな曲を流すに決まっている。こんなに気持ちの良い瞬間はまさに至福の時である。フランク・シナトラの『マイ・ウェイ』の曲が流れる中、担任として、式にご列席いただいた皆様にご挨拶し、受け持ちクラスを先導して退場する。教室に戻ると、今度はカセット・デッキで、また再び『マイ・ウェイ』の曲をバックミュージックとして流し、生徒、保護者を前に最後の挨拶をする。そして、『マイ・ウェイ』をエンドレスに設定し、繰り返し、繰り返し曲が流れる中、校長先生から代表生徒が受け取った卒業証書を、今度は担任の私が38名の生徒一人一人に対し渡した。まさに、私の世界、『マイ・ウェイ』ワールドの異空間がそこにあった。ほとんどが就職して社会に出て行くので、彼らにとっての最高学府は「高校」であった。

私は生徒とともに卒業（異動）し、その高校を去った。卒業した生徒が母校に立ち寄っても、元担任がいないことで申し訳ない思いもあったが、教科指導、生徒指導、分掌業務など、この5年間で十二分にやり尽くした感が私には満ち満ちていた。もしもここに留まれば、その先にあるものは、「マンネリ」と「手抜き」しかないと感じた。その意味でこの学校を離れることは、私の次なるステージへの、新たなる挑戦のために必要なことでもあった。

第2章

2校目　中部地区の普通科高校

昭和62年4月、人事異動で同じ中部地区の全日制普通科の高校へ。2校目となるこの学校は、10学級規模の巨大マンモス校だった。そして、この学校こそが、私の教員人生の方向付けをしていく職場となった。私はこの学校に10年間勤務し、校内的には学年を2期連続6年間担当するとともに、進路指導主任や教育課程委員長などを務め、また対外的には教育委員会や文部省〈**注：**文部科学省の前身〉の専門委員などを経験した時期でもあった。

学校大好き人間　～すべてが学校中心に回っていた～

この当時の私は、「研修日」にも出勤し、休まないことにこだわる〝学校大好き人間〟だった。研修日というものについては、序章で触れたところであるが、要するに、その頃の都立高校には、週に1日、〝研修〟という名のもとに、学校に勤務しなくてもよいという日があった。当然、その日の授業は組まれていないので、多くの教員は出勤しなかった。自宅や図書館、大学などで研修を行っていることになってはいたが、実際のところは、正直わからない。

一方、当時の私にとっては、すべてが学校を中心に回っていたし、何よりも学校が大好きだったから、研修日でも学校に出勤していた。そして、学級担任を持っていた時は、担任が研修日で不在日は、通常、副担任がホームルーム（ＨＲ）などに出向き、クラス生徒への諸連絡等の担任業務をカバーするのが常であったが、私は一日たりとも副担任に任せることなく、毎回ＨＲに行って生徒の顔を見ることにしていた。初めの頃は、生徒は研修日なのに何でうちの担任は毎回来ているのかと、訝しがっていたものだが、そのうち何も言わなくなり、来るのが当たり前のような顔をしていた。

また、勤務時間を毎日超過して、夜の9時、10時まで勤務していることが多かった。警備員には、毎日、いつも同じ者が遅くまで居残っているものだから、煙たがられていた。

そして、土曜日や日曜日にも、部活指導でもないのに、朝から出勤して社会科室に籠もり、教材プリントの作成や分掌業務を行うこともしばしばであった。警備員は、休日なのに余計な仕事が一つ増えるようで、いい顔をしなかった。それでも、学校が好きで好きでたまらなかった。なぜか学校にいるととても落ち着いた。当時の私には、学校以外のことは考えられなかった。余談ではあるが、デスクの引き出しには、タオル、髭剃り、歯ブラシなどの生活必需品が常備してあった。

教科指導、受験指導に尽力　～ライバル教員と人気講座を競い合う～

当時は、現在のような「地理歴史科」、「公民科」という呼称はなく、この二つを合わせて「社会科」とよんでいた。当該校の社会科には、地理2名、日本史3名、世界史2名、政治経済1名、倫理1名の9名の教員がいた。

日本史受験者は例年多く、受験対策の講習は必須であった。そのため、日本史は他科目に比べ3名と多めの配置であったが、互いに連携・協力することは全くなかった。それどころか、講習会などでもライバル心をむき出しにし、それぞれが独自に開講していた。自ずと生徒の人気度が、講習参加希望者数で白日の下に晒される。ある担当は40名程収容の普通教室に収まる程度、またある担当は教室には収まりきらないので、大会議室に１００

名近い生徒を対象に、マイク片手に講義するなんてこともあった。こうしたことも、いい意味で〝競争心〟を駆り立てる要因にもなっていた。

そんな中で、自らが教えた日本史受験者の中から、現役で早慶などの難関私大に合格し、「先生のお陰です」「先生の授業、最高でした」なんて感謝の言葉をもらうと、何とも言えぬ、まさに、これぞ「教師冥利に尽きる」というものだった。

修学旅行と私(1) 〜旅行担当として、校外学習や修学旅行をプロデュース〜

学年内には、「生活」、「教務」、「進路」、「旅行」、「会計」、「庶務」などの係分担があった。そんな中で、私は「進路」と「旅行」を担当した。「進路」担当とは、分掌プロパーの進路指導部のスタッフと連携・協力し、学年に関わる進路業務を担うものである。一方、「旅行」担当とは、主に、1年次の校外学習（遠足）、2年次の修学旅行、3年次の校外学習（遠足）などの企画・立案や旅行業者との渉外を担うものである。私は2期連続6年間、学年に入り、2度とも旅行担当になった。

最初の学年の1年の校外学習では、2年で実施する修学旅行を念頭に置き、「箱根」への校外学習を企画した。来るべき修学旅行の予行演習みたいなものだった。集合時間は守られるか、班別行動が一定の制約の中でキチンと行動できるか、などをチェック項目として実施した。

2年次の修学旅行では、そうした〝訓練〟を踏まえ、目的地を「高松・倉敷・京都」方面とした。丁度、瀬戸大橋が開通したこともあって、話題性も取り入れての目的地選定であった。そこでは、私の個人的な志向で、高松の栗林(りつりん)公園〈注1〉をコースに加えた。長閑な田園風景の中を単線「ことでん」(琴平電鉄)に揺られ、少人数の仲間同士で栗林公園を目指すというもので、都会っ子の生徒たちに、日本の原風景を感じてもらうことを狙ったものだった。

旅行担当は、学年会や管理職との打合せ、業者との渉外、生徒たちで組織される旅行委員会の指導などを踏まえながら、旅行を〝形〟あるものとして、いわば〝芸術作品〟のようにつくり上げていくのである。そして、修学旅行が成功するか否かは、旅行担当と業者の手腕に大きく左右される面が多分にあった。それだけに、その職務は重責を感じる一方で、大変やりがいのあるものであった。加えて、大きなお金を動かし、大きなイベントを差配することができるという、教育活動の中では唯一の〝巨大プロジェクト〟に携わることができる仕事でもあった。

〈注1〉「栗林公園」香川県高松市にある特別名勝。ミシュラン三つ星を獲得し、舟遊びやお茶をいただいたり工芸品を鑑賞したりと、色んな楽しみ方ができる。元高松藩の大名庭園で平庭部だけでも東京ドーム3・5個分あり、文化財指定の庭園の中では日本一の大きさを誇る。(出

典：『香川県観光協会公式ホームページ』より「栗林公園」一部参照）

修学旅行と私(2)　～2度目の旅行担当、自らの企画に酔いしれる～

2度目に担当した修学旅行は、敢えて「飛騨、北陸」方面を設定した。その理由は、京都や広島、長崎といった修学旅行の定番〈**注：**近年の修学旅行先は、沖縄や北海道が主流となっている〉ではなく、この頃の東京からの修学旅行としては、いわば前人未到の渋いコース？をプランニングしてみたかったからだ。主要行程は、①ＮＨＫの年の瀬番組『ゆく年くる年』で、必ずと言っていいほど登場していたあの永平寺を入れ、そこで生徒に座禅を体験させたい（実際は「講話」に化けてしまったが……）、②全員で日本海の夕日（千里浜なぎさドライブウェイ〈注2〉）を眺めさせたい、③能登半島八ケ所巡り（宿泊地の和倉温泉を〝ベースキャンプ〟として生徒が日帰りで行って帰ってこられる8コース）をやらせたい、そして、④古都金沢の魅力を存分に味わわせたい、といった〝てんこ盛り〟の欲張りツアーであった。

この学校は、先にも触れた通り、当時、都内でも有数のマンモス校で、1学年10学級、500名近い生徒が在籍し、全校生徒ともなれば、1500名に迫らんとする大集団であった。そんな訳で、これまでの修学旅行はというと、学年を2分割し、5クラスごとに行動形態や宿舎や日程を分散させたり、ずらしたりするような態勢を組むことが多かった。私はこれまでの慣例を破り、10学級全員が一つになれるような場面をつくれないかと考えていた。その象徴的な企画として、「千里浜なぎさドライブウェイ」をバス10台で連ねて波打ち際を走ること、そして最大の見せ場は、学年全員で日本海の夕日を眺めることをプランニングした。

さて本番。初日の午後に立ち寄った永平寺から千里浜へバス10台を連ねて出発。天気はこの上ないほどの好天。舞台は出来上がった。順調に1組から走り出したかに思えたが、夕刻が迫るにつれ、渋滞に巻き込まれていった。旅行担当者としてのこれまでの苦労が……。そして、それは〝日没時刻との闘い〟となってきた。まさに『走れメロス』の世界!!　10台のバスが夕日に向かって走っていた。車内無線で1号車から10号車までの状況が、担当の私のもとに刻々と伝わってくる。現地の日の入りは、午後5時18分とのこと。こんな状態で間に合うのか、添乗員、ドライバーとも何度もやり取りをする。そして、幾度となく時計を見る。そのうちに添乗員は「先生、申し訳ない。もう無理かも……」と。するとドライバーは「先生、大丈夫。何とかしますよ」。私「でも、ム、無理して……、ジ、事故だけは……、でも、何とか……、生徒たちが……」、言葉がとぎれとぎれでつながらない。そうこうしているうちに、先頭車から「到着したー!!」との無線が入る。そのあと続々、後続車が到着。ついに最終号車が到着。夕日はすでに水平線に沈みかけていた。

あともう少しというスンデのところで、私たちは間に合った。するとバスガイドの粋な計らいで、当時流行っていたサザンオールスターズの曲『勝手にシンドバッド』が車内に流れる〈注3〉。するとドライバーが気を利かせて、波打ち際ギリギリを軽快に走らせる。生徒たちの歓声が車内にこだまする。私はこの旅行の企画担当者として、夢にまで描いていた通りのことが、現実のものとなった至福の瞬間を味わう。その後、10クラス全員がバスを降り、そして夕日を背景に記念撮影、そして歓喜の中で波と戯れる生徒の姿。これまで、10クラス全員が揃って行動することがなかったが、初めて一つになれた瞬間であった。そして、これぞまさしく「旅行担当者冥利に尽きる」だった。

〈注2〉「千里浜なぎさドライブウェイ」 石川県羽咋郡宝達志水町今浜から同県羽咋市千里浜町に至る砂浜の延長約8㎞の観光道路で、海水浴場も兼ねている。日本で唯一、一般の自動車やバスでも海岸線の砂浜の波打ち際を走ることができる道路として有名である。(出典:『宝達志水町公式ホームページ』より「千里浜なぎさドライブウェイ」一部参照)

〈注3〉 私は事前にバスガイドさんに、波打ち際をバスで走行する際は、ムードを盛り上げるような曲を流して欲しいと依頼してあった。個人的にはポール・モーリア風のムードミュージックが流れるものと踏んでいたが、そこは若いガイドさん、サザンのファンだということでこのようなこととなった。結果的に生徒にとっては、ポールよりはサザンの方が絶対によかったみたいだった。

修学旅行と私⑶　～修学旅行と悪しき慣行、「学校の常識は世間の非常識」～

物事には、表と裏、光の部分があれば影の部分もある。そして事が大きくなればなる程、動くカネも大きくなる。カネにまつわる悪しき出来事は、政界のそれとは比較にならないが、教育界でもないわけではない。今回は、学校現場で比較的大きなカネが動く修学旅行を取り上げてみる。その典型的なケースとして、業者選定と本番前の実地踏査があげられる。

ここでは実地踏査に着目してみる。実地踏査は、通称「実踏」と言われ、文字通り、本番前に実際に現地踏査をすることである。問題はその実踏に業者が同行し、行く先々で教員を〝もてなす？〟ことが少なからず行われていたことである。それは当時、俗に〝大名旅行〟ともいわれ、業者からの〝接待？〟を受け入れがちな、いわば、〝悪しき慣行〟のようなものがあった。そして修学旅行を無事終えると、日を改めて、〝反省会〟の名のもとに、新宿や銀座などの高級料理店などで、一席設けられることもあった。私たちの場合は、会費制で教員側も業者もともに代金を支払うものであったが、傍から見れば業者接待の疑念を持たれかねない。

そんな中、千葉県や神奈川県で修学旅行や校外学習に関わる贈収賄事件が発覚し、「修学旅行汚職」「まさか校長が収賄とは」「子供の夢壊した」「校長ら３人書類送検」「綱紀粛正を指示、公立校に緊急通知」（いずれも1989年に新聞報道された記事の見出し）〈注4〉、「収賄容疑で元中学校長逮捕」「背景に旅行業者の競争」（いずれも1992年に新聞報道された記事の見出し）〈注5〉などとマスコミに大々的に報じられ、世間から社会的非難を受けることとなった。以後、これを境に、業者との関わりが大変厳しくなっていった。

さらに、修学旅行に関わる悪しき慣行といえば、私が教員駆け出しの頃であったであろうか、昭和の代のことであるが、生徒の就寝点呼、見回りを終えた後、その日の反省会と称して、特別室に教員が集まり、業者もしくは、宿から提供された？と思われる酒や豪華なオードブルを口にすることもあった。今だったら、〝一発アウト！〟である。当時はそうしたことが公然とまかり通っていた。その費用は、最終的にどこから出ていたのかを考えると、恐ろしい限りである。しかし、〝当時の学校〟は、そうしたことを全く問題にしなかった。いや、問題だという認識にすら至っていなかったのである。まさに、「学校の常識は世間の非常識」であった。

〈注4〉 1989年3月、千葉県東葛飾郡関宿町の中学校長が修学旅行の業者選定にからむ贈収賄の疑いで逮捕、起訴された事件。逮捕者は収賄側の校長と贈賄側の某大手旅行会社の2名で、旅行受注で校長の銀行口座に70万円が振り込まれた。このことを受け、県教育長は県内全公立学校に対し、「教職員の綱紀の粛正」の緊急通知を発出した。現職校長の逮捕ということで大きな波紋を呼んだ事件。（出典：『読売新聞（朝刊）』より「1989（平成元）年3月30

日・31日・4月6日・6月21日・12月23日の記事」及び『朝日新聞（朝刊）』より「1989（平成元）年3月30日・31日・4月20日の記事」を参照）

〈注5〉1992年9月、神奈川県相模原市の元中学校校長が校外学習の業者選定などを巡って某大手旅行業者から賄賂を受け取ったとして逮捕された事件。（出典：『朝日新聞（朝刊）』より「1992（平成4）年9月25日の記事」を参照）

進路指導主任として　～進学指導に尽力、東大合格とマスコミ取材～

私は2期連続6年間学年を担当した後、進路指導部という分掌に配属となった。ちなみに、学校社会では、学年を終えると、いったんは教務部、生活指導部、進路指導部などといった学年外の分掌に所属し、ある程度の期間をおいて、学年に〝再登板〟するというのが一般的である。その慣例を敢えて破ってまでも、なぜ連続で学年に入ったのか。それは悪しき人事の〝負のスパイラル〟を断ち切るためであった。すなわち、同じ学年のメンバーと後々巡り合い、〝馴れ合い〟と〝もたれ合い〟のマンネリ集団を避けたかったからである。なぜなら、当該校では、3年周期で人事サイクルが回り、3年後にまた同じ学年を組むということはしばしばあった。そのため、自ら連続担任を志願して、人事の流れを断ち切る方法をとったのである。

という訳で、2期連続学年の後、進路指導部に配属となったが、人事の巡り合わせで、

30代にして、進路指導主任を仰せつかることになった。いずれはやってみたかったポストではあったが、こんなに早く回ってくるとは予想だにしていなかった。30代という若さ故、肩身の狭い思いもした。なぜなら、外部で行われる進路指導主任の集まる会合は、皆、私より年配の教員ばかり〈注6〉であったからだ。また進路部内のメンバーも自分より年配者ばかりであったので、業務は一応、皆で分担する形をとったものの、結局は全部一人でこなすことが多かった。正直、部員を組織的に機能させるという点で、全く上手くいかなかった。でも、6、7人でこなす分掌業務だったら、誰も協力しなくても、一人でも乗り切れることが身を以て実証でき、変な意味で自信がついた。

ところで、この学校はまだ歴史の浅い中堅校であったが、子供たちの多くが大学進学を望んでいた。私は進路指導主任として、一人でも多くの生徒の希望進路を叶えてあげたいと、真剣に考えていた。その一環として、生徒の受験モードを高める目的で、某大手進学予備校から特別講師を招聘して、進学セミナーを企画したことがあった。それはつまるところ、生徒に対する〝喝〟入れであった。その際、私が作った生徒向けのチラシには、こんな文言が踊っていた。「受験の神様○○氏、本校に降臨。現役合格を願う者、本日○時、大会議室に参集すべし!!」。また、後輩たちへの刺激策として、大学合格者を校内掲示版に大きく張り出し、赤色の花をつけるなどし、受験生としての士気高揚を図っていった。

そんな中、10年に1度のサイクルで、運が良ければ東大合格者が出ると言われていた学校であったが、丁度、私が進路指導主任をしている時に、東大合格者が出て、『サンデー毎日』（週刊誌）の取材を受けることとなった。さらにその後、私が授業で直接教えた生徒が、京都大学や早稲田大学に現役で合格するなど、うれしいニュースが次々と舞い込んできた。まさに願ったり叶ったり。私はこの学校で3年間、進路指導主任を務めた後、他校の進路指導主任に請われて？異動することとなる。

〈注6〉 一般的に進路指導主任というものは、50代くらいの経験を積んだベテラン教員が務めることが多かった。一概には言えないが、私学などでは最古参の超ベテラン教員がつくポストでもある。

教育課程委員長として　～「類型制」の導入～

さて、若くして大役を任せられたポストとして、進路指導主任以外に教育課程委員長というものがあった。むしろこちらの方が私にとって大きな〝怪物〟であった。

教育課程委員長というと、大そうな肩書のようにも聞こえるが、何もなければ、次年度の教育課程の確認や、少人数や習熟度別の授業〈注7〉などの小さな課題解決を行っていくポストであった。しかし、丁度私が就任した年は、「類型制」〈注8〉導入という教育課程の抜本的改革を行うことになっていたから、それはそれは大変であった。換言すれば、だからこそ、私のような者以外になり手がなかったのかもしれない。

ところで、委員会で何とか漕ぎ着けた新教育課程（案）は、次のようなものであった。1年次は共通履修、2年次から主に文科系大学進学を目指す「文系類型」、主に理科系の大学進学を目指す「理系類型」、そして第3の類型として、そのいずれにも属さない、主として専門学校やその他の進路を考えている生徒のための「総合類型」の3類型を設けるというものであった。

委員会の運営であるが、委員は各分掌や教科から選出された代表者で構成されたが、ここでも、自分より年配者が多く、〝口は出すが実務はしない〟というパターンであった。結局のところ、進路指導部同様に、実務面では、何もかも自分一人で進めていった。教育課程の基本構想、各教科への説明、意見聴取と折衝、会議資料及び類型制に係る冊子の作成まで、すべて自分でやりこなしていった。誰も協力する人がいなくても、やろうと思えば自分一人でもできることを確信した。こんなことができたのも、〝学校大好き人間〟で、土日も職場に足を運び、それが全く苦にならない当時の自分であったからこそであった。

〈注7〉「少人数や習熟度別の授業」「少人数授業」：生徒一人ひとりに指導が行き届くように、通常より少ない人数で授業を行うもの。例：家庭科の調理実習、音楽・美術・書道などの芸術科目、工業科などの専門学科などの実習系の授業などで取り入れられている。
「習熟度別授業」：生徒の理解度に応じて、クラスを細分化して授業を展開する方法。形の上では、少人数授業に似ているが、クラス編成の基準に「理解度」が加味されるか否かで異なる。

〈注8〉「類型制」 類型制と似たものとして、コース制というものがある。例えば大学進学に向けての文系コース・理系コースなどというものがある。類型も同様にそれぞれ文・理のコースのような区分がある。類型制とコース制の決定的な違いは、コース制は入試（生徒募集）の段階から定員を設けるのに対し、類型制は一般的に2年次、3年次になってから、希望する類型を選択することになり、入学時に予め定員が設定されているわけではない。（出典：『広島経済大学研究論集第37巻第1号　中学校進路指導の視点から見た高等学校教育の現状に関する研究（III）』より「類型制・コース制」一部参照）

研究と修養(1)　～歴史の研究会との出会い～

そもそも教員には、教育基本法や教育公務員特例法などの法律〈注9〉によって、「研究と修養」いわゆる〝研修〟が義務付けられている。したがって、先輩教員からもしばしば研修の大切さはよく聞かされていた。

さて、この頃の私の研修意欲はというと、非常に旺盛で一段とヒートアップしていた。しかし、初任者の頃のただがむしゃらに書籍を貪り読んだり、やみくもにセミナーに足を運んだりするのとは全く違っていた。私はある歴史の研究会に所属するとともに、教育委員会の研修、いわゆる官製研修にも積極的に参加するなど、組織を通じて、意図的、計画的に研修に参加し、その成果を紀要や報告書などの「形」あるものとしてまとめていった。

この頃の私は、先にも触れた歴史の研究会を基軸に例会や講演会、史跡見学会などに積極的に参加していた。そして当会の専門委員会の委員や地区幹事などを担うなどして、仲間を増やし、いわば、活動の拠点としていた。当会は、東京都の歴史教員、とりわけ都立高校の教員を中心として、歴史教育の充実・発展を目指して活動している研究団体であった。年2回の講演、年3回の史跡巡検（夏は宿泊を伴う）、授業研究、大学入試問題研究などを行っていた。

またその上部団体としての全国組織があり、高校を中心とした全国の歴史教員の活動団体であったが、ここでも積極的に関わり、事務局を担当したり、全国大会の運営役員として携わったりもした。

私は中学ではなく、高校の教員を目指した。その理由の一つに、教科の専門性の追究があった。そうした考えもあって、こうした研究会は、私が歴史教員を続けていく上での精神的な拠り所ともなっていた。

〈注9〉「教育基本法」 第9条　法律に定める学校の教員は、自己の崇高な使命を深く自覚し、絶えず**研究**と**修養**に励み、その職責の遂行に努めなければならない。

「教育公務員特例法」

第21条　教育公務員は、その職責を遂行するために、絶えず**研究**と**修養**に努めなければならない。教育公務員の任命権者は、教育公務員の**研修**について、それに要する施設、**研修**を奨励するための方途その他**研修**に関する計画を樹立し、その実施に努めなければならない。
第22条　教育公務員には、**研修**を受ける機会が与えられなければならない。教員は、授業に支障のない限り、本属長の承認を受けて、勤務場所を離れて**研修**を行うことができる。教育公務員は、任命権者の定めるところにより、現職のままで、長期にわたる**研修**を受けることができる。

研究と修養(2)
～教育委員会開発委員を2期務める～

ある時私は、校長室に呼び出され、校長から「喜びたまえ。君は2階級特進だ」と唐突に言われた。最初は何のことやらさっぱりとわからなかったが、どうもこういうことらしい。私が次年度の教育委員会主宰の開発委員会なるものの日本史専門委員として決まったとのこと。そして、本来ならば開発委員〈注10〉をやるには、まずは研究員〈注11〉というものの経験を積んだ上で、その中の有望な教員に対して声が掛かるというものらしい。そうした段階を飛び越えて開発委員に決まったものだから、校長はそんな言い方をしたのだった。なお、当時、研究員は自ら志願することはできたが、開発委員は教育委員会からのご指名であった。

こうして、以後、2期連続でその委員を務めることとなった。年度当初に総会、そして月1回程度の月例会があり、その年のテーマに沿って研究を深め、例会ごとに進捗状況の報告、指導を受け、年度末に全都の教員に向けて、その年の研究成果の発表を行うというものであった。往々にして、大学教授や文部省の役人を招いて講評をいただくのを常とした。また当時は、研究に関わる〝報償費（研究費）〟なるものが支給されるとともに、文部省主催の宿泊研修旅行（公費支出）が〝特典〟としてついてきた。

1年目は、歴史学と民俗学との融合の視点から、民俗芸能「田遊び」をテーマに研究を行った。その年の文部省の宿泊研修は、米処、新潟で盛大に行われた。それは、まさに典型的な〝官官接待〟（県〈県教委〉が国〈文部省〉の役人を招いて接待する）で、世間で騒がれていた〝接待〟とは、こういうものを言うのかと肌で感じた。2年目は、日本の近代化と鉄道をテーマに戦前の「弾丸列車」に着目して研究を行った。そして、その年の〝特典〟は、北海道宿泊研修であった。

〈注10〉「開発委員」 正しくは、「研究開発委員」のこと。東京都教育委員会は、東京都の教員全体の教科等の指導力向上を図るとともに、急激な社会の変化や学校における教育実践から提起される様々な教育課題や要請に対応するため、研究開発委員会を設置し、各教科等及び教育課題に関わる教育内容や方法等について研究開発を行い、その成果を普及・啓発することにより学校教育の改善・充実を図っている。（出典：『東京都教育委員会ホームページ』より「研究開発委員」参照）

〈注11〉「研究員」 正しくは、「教育研究員」のこと。東京都教育委員会は、所属校における教育活動を通して、各教科等の内容、指導方法等を研究し、様々な課題の解決と指導力の向上を図り、当該地区等における教育研究活動の中核となる教員としての資質・能力を養成するために、教育研究員を設置している。（出典：『東京都教育委員会ホームページ』より「教育研究員」参照）

研究と修養(3)　～文部省専門委員を3期務める～

先に触れた都の開発委員を契機として、教育委員会の担当指導主事の推薦もあって、文部省（現・文部科学省）の専門委員を務めることとなった。千代田区霞が関にある文部省の本庁舎へ月1回のペースで身分証明書を携行し出張した。何の専門委員かというと、大学入学検定試験〈注12〉、いわゆる「大検」の問題作成委員のことで、私は3期務めた。

私は本書の冒頭で、都会の教師になりたくて東京都を受験した、と述べている。まさに首都東京のど真ん中、霞が関の文部省で専門委員として働いている自分がそこにいた。〝田舎教師〟ではなく、〝都会の教師〟の具現化がそこにあった。そして、委員会終了後の〝アフター5〟がとても貴重な時間であった。担当の視学官や教科調査官、他県の教員との付き合いがとてもいい刺激となり、また人的交流の幅を広げることにもつながった。

〈おまけ〉ところで、文部省の本庁舎は昭和8年に大蔵省営繕管財局の設計で建てられたもので、中庭をぐるりと取り囲む独特な構造になっていた。最初は物珍しさから、早めに行って、庁内を〝散歩〟して歩いたことがあった。廊下はうす暗く、あちこちに段ボールが山積みされていた。威風ある外観とは真逆で、そのギャップが激しかった。そうした内側の雑然とした中で、ある一角だけ深紅の絨毯が敷き詰められたエリアがあった。それこそが大臣や事務次官・局長などのいわゆる高級官僚がいるところであった。まさに〝異空間〟とはこのことなり。

〈注12〉「大学入学資格検定」 2004(平成16)年度以前に実施されていた資格検定。大学へ入学する際の学力の有無を判定し、合格者は高校卒業と同等の資格が得られる国家試験。通称「大検」。2006(平成17)年度より「高等学校卒業程度認定試験(高認)」に移行。(出典:『ウィキペディア』より「大学入学資格検定」https://ja.wikipedia.org/wiki/2020年5月17日〈日〉16:30 一部参照)

上昇志向 ～管理職・指導主事に興味・関心?!～

この頃の私は、前述の如く、教育委員会や文部省など対外的に関わることが多くなっていた。それまでの私は、どちらかというと、内に籠もっていることが多かったが、この頃は外にも目が向くようになっていた。それとともに、教育委員会事務局で勤務する指導主事、文部省の教科調査官や視学官などに対して、半ば羨望の眼差しで見るようになっている自分がいた。同時に、教頭（のちの副校長）、校長にも少しずつ興味・関心が湧いてきていた。

ある時、教頭が出張中の職員室で、冗談半分に教頭席に座り、当時流れていた自動車のテレビＣＭのキャッチコピー「いつかはクラウン」をもじって「いつかは教頭」などと言って、職員室で笑いを誘っていた自分がいた。冗談とも本気とも何とも言えぬものだった。

主任制反対闘争　～組合への拠出、断固拒否!!～

当時の私は、進路指導主任を経験させてもらっていた関係で、「主任手当」なるものが支給されていた。職員団体、いわゆる「組合」は、〝主任制反対闘争〟（注13）を繰り広げており、教員間を主任とそうでない職層に分けること、かつ手当をもって分断することに猛反対をしていた。そして、主任手当を組合に拠出させて、都教委の思惑を形骸化させるとともに、逆にそれを組合の活動資金？に回そうとするようなことをしていた。

当然、主任であった私のもとにも、組合から手当の拠出要請がきた。複数回にわたる要請もあったが、断固、拒否した。人間関係を気にする私も、これだけは譲れなかった。とにかく全くおかしな話で、納得がいかなかった。多くの教員（当時、組合加入率9割以上）は、それに賛同していたようであるが、私は根っからの非組である。聞くところによると、主任手当は、ストライキで処分された教員の支援資金や組合の闘争資金として毎年プールされ相当な額に上っており、都教委が支給する手当が組合の資金に公然と流れる実態があり、大問題〈注14〉となっていた。しかし、例のお得意の「学校の常識は世間の非常識」で、そんなことはどこ吹く風だった。今では信じられないようなことが、学校社会ではまかり通っていたのである。

〈注13〉**「主任制反対闘争」**文部省が学校教育法施行規則を改定し「主任」を設置（1975年）して以来、全国的に主任制反対闘争が展開した。日教組は、「主任手当が職場の差別化につながり、管理教育が強まる」という理由で、主任手当の支給に反対した。そして、実際に主任手当が支給されると、組合所属の主任は、主任手当の受け取りを拒否し、逆にその手当を組合に納めるようになった。都道府県によっては、半ば強制されたところもあったようである。東京都では、都高教（東京都高等学校教職員組合）を中心に「主任の氏名報告拒否」「主任手当の拠出」「主任を必要としない職場づくり＝職場洗い直し運動」などを各職場に提起して、主任制撤廃に向け全力を注いでいた。（出典：『文部科学省ホームページ』「学制百二十年史」より一部参照）

〈注14〉**「大問題」**「東京都の公立学校の主任教諭に支給される主任手当の一部が教職員組合に流されている問題で、東京都教育委員会は14日、その総額が平成10年度に約2億1千万円以下と推定されることを明らかにした。同日開かれた同年度都教育庁の会計決算特別委員会で土屋敬之議員（民主党）の質問に答えた。答弁に立った都教委の上條弘人人事部長は『職員団体への加入率をもとに推計して３分の１が職員団体（教職員組合）へ拠出されている。２億１千万円程度と推計しているが、実際には下回ると考えている』としている。土屋議員は『手当を教職員組合に拠出しないと、村八分になりかねないという現職の先生がいる。都教委として実効性のある対応をすべきだ』と厳しい措置を取るよう求めた。都教委によると、主任手当は正式には『教育業務連絡指導手当』と呼ばれ、都内の教職員のうち教務主任や保健主任、学年主任、生徒指導主任などに日額２００円が支給される。10年度は１万７２２４人に対し、５億９２８７万５０００円が支給された。都教組では、『主任制度反対の立場から、手当を子供たちのために有効に使おうという自由意思に基づく拠出を先生たちに呼びかけている』としている。」（出典：『東京新聞（朝刊）』「２０００（平成12）年４月15日の記事」より抜粋）

Ｎ君との出会い　～師を超えて、逝ってしまったＮ君～

Ｎ君は、私がこの学校に着任して、最初に担任を持った時の生徒である。彼は真面目で、正義感が強く、担任からしてみれば、ある意味、〝頼りになる〟生徒であった。そんなこともあって、彼はクラスを代表する学級委員となり、担任の意向を酌んでクラスメイトをよき方向にまとめようとしていた。しかし、その一方で、愚直なまでに生真面目で、融通性のない堅物であったが故に、クラスの悪ガキどもからは煙たがられる存在でもあった。そして、彼が学級委員として頑張れば頑張るほど、彼らの反感を買うことにつながっていった。

ある時、彼の個人ロッカーがいたずらされることがあった。担任として、クラス全体の問題として、このことを取り上げると、今度はロッカーではなく、体操着が盗まれた。彼に対する嫌がらせは、陰に陽に次第にエスカレートしていった。私はこの問題を解決するため、保護者の方を交えての三者面談を設けることにした。いじめは、今と昔では、姿、形は違えども、本質は同じだ。いじめを行っている生徒に対し、〝直球〟で指導すれば、表向きは収まるのであるが、その反面、地下に潜伏し、陰湿ないじめへと化し、より巧妙ないじめへと〝進化〟していく。なかなか難しい厄介な問題である。

さて、私はこの問題について、具体的な解決策を持ち得ないまま面談の日を迎えてしまった。面談の際、彼曰く、「先生、これは学校側の責任でもないし、ましてや親の出る幕ではない。すべては自分が蒔いた種である。自分のことは自分で解決する。先生は、それをただ黙って見守っていてくれればいい。そして、お母さん、これは自分の問題だ。余計な心配は無用」と、彼が一方的に喋り捲って、面談は終わってしまった。在学中は、他人を頼らず、自己の責任において行動していく、〝そんな生徒〟であった。

将来の進路は、「私の後を追いかける」と言って、大学では歴史を専攻した。そして、毎年、夏と冬には必ず、現在取り組んでいる状況を報告してきた。そして、大学卒業後、今度は更なる学問の道を究めるといって、大学院への進学を決め、意気揚々として、私に報告に来た。その後も、盆暮れの挨拶に、研究成果を報告してきていたのだった。

ところが、ある年を境に、ぴたりと音信が途絶えた。その後、しばらくして、彼の母親から小包が届いた。開けてみると中には一通の長文の手紙と一冊の本が入っていた。手紙の内容は、Ｎ君が闘病生活の末、自分（母）を残して一人で逝ってしまったこと、そして、最愛の我が息子を亡くし途方に暮れていること、そして最後に、生前、息子が先生（私）のことをどれほど尊敬し、憧れの存在としていたか、そしていずれは先生のような歴史の教師になるのだと目標にしていたとのことが綴られていた。そして文末には、先立たれた直後は何も手につかなかったけれども、〝息子の思い〟は何としても先生に伝えなければならないと、筆を執ったとのことが記されていた。

同送の一冊の本は、彼のこれまでの研究成果が遺稿としてまとめられたものであり、大学の研究室仲間が彼の死を悼んで、彼のこれまでの取り組みを形あるものにしてくれたとのことだった。

私は居ても立っても居られなくなって、差出し先の住所を訪ねた。そこは都心の閑静な住宅街の一角にあるマンションで、彼と母親が二人で過ごしたところだった。「線香の一本でもあげさせて欲しい」と、インターホン越しに申し出ると、突然の訪問に随分と驚かれた様子であった。しばらくの間をおいて、中に通していただいた。

彼が高校在学中、私は授業の中で、「学問とは何ぞや」「歴史の本質とは……」などと大上段に構えて偉そうに〝吹かして〟いたものだったが、彼はいつしかそんな〝浪花節〟の私を優に超え、歴史学という学問を究める道を歩んでいた。そしてそれは、彼から毎年、手紙で報告される研究成果を見る度に、自身の器の小ささを感じさせるまでに大きく成長していった。それは、かつての師として、頼もしくもあり、また嫉妬心も見え隠れする何とも言えぬ複雑なものであった。

ところで、彼はお分かりの通り、母一人子一人の母子家庭で育った。母親の生きがいのすべてが彼そのものであった。焼香を終えた後、母親に「お母さんの大きな、大きな生きがいが失われてしまいましたね」と言うと、彼女は、張り詰めていたものが堰を切ったかの如く、大きく泣き崩れてしまわれた。

第3章 3校目 中部地区の単位制高校

平成9年4月、人事異動。3校目は全日制普通科単位制高校であった。ここでは、都立高校初の海外修学旅行の実施に関わった。しかも、「9・11事件」の発生直後のことで、出発ギリギリまで山積する様々な課題を乗り越えての実施であった。当該学年主任として、今振り返るに、様々な思い出が走馬灯のように甦る。行き先はシンガポール。宿舎は何と、知る人ぞ知る、あの「ラッフルズ・ホテル」。後にも先にも最初で最後か?! 一方、この時期は、管理職選考にも合格し、教員生活にも転機が訪れようとしていた頃でもあった。

全国初の全日制普通科単位制高校　～新設校の苦労～

歴史の研究会のK会長からの〝スカウト〟で、同会長が校長を務める高校へ異動することとなった。いわゆる〝一本釣り〟という人事である。通常、公立学校では、このような人事異動は有り得ないことであった。それは当該校が新設校であり、全国初の普通科単位制高校でもあるという特殊事情もあってか、都教委は、人事に関して当該校の校長に特別な権限を与えていたのだった。内実を話すと、この人事の件は、数年ほど前から、研究会でK会長に会う度にお声掛けをいただいていた。当時の私の所属校の校長は、こうした半ば強引な人事に対し、異を唱えていたが、最終的には私をその高校へ出さざるを得ない状況になったようである。それはともかく、私は歴史教育の世界で尊敬するK会長のもとで働くことに期待と緊張感をもって赴任した。

ところで、単位制高校とは、学年による教育課程上の区分を設けず、決められた単位を修得すれば卒業が認められるという高校である。昭和63年度から定時制・通信制課程において導入され、平成5年度からは全日制課程においても設置が可能となった。当該校は、このことを受けて、平成8年に全日制の単位制高校として開校した。単位制の特色は、生徒が自分の学習計画に基づいて、興味・関心等に応じて科目選択できること、そして学年の区分がなく、自分のペースで学習に取り組むことができること、などが挙げられる。ただし、当該校の場合は、学年制の色合いを限りなく残したものであった。

当該校は、単位制のパイオニア校として、他府県からの視察依頼も数多く寄せられ、その対応も毎月のようにあった。そして、学校の骨格があるだけで、具体的なことは何一つ決まっておらず、ゼロから築き上げていかなければならなかった。加えて、新設校の特別人事による様々な学校からの寄せ集め集団であったため、それぞれの経験則で議論するものだから、物事一つを決めるにも随分と時間を要した。このように草創期の苦労というものは、まさに筆舌に尽くし難いものがあった。

キャリアガイダンス部長として　～私が手掛けた〝一大事業〟～

この学校は、他校にはない様々な先進的な取り組みを行っていた。その一つとして、キャリアガイダンス部という分掌組織があった。一般的には、進路指導部といわれるものがそれに相当するのであるが、当時のキャリア教育の充実が叫ばれる中で生まれてきた分掌であった。この分掌は、簡単に言うと、通常の進路指導部の担う業務以外に、キャリアガイダンスという「在り方・生き方」教育を推進する〝授業〟の担当も併せ持つ部署であった。授業というからには、教材開発を行い、指導案などを作成するなど、全く新しい業務を推進する部署であった。したがって、既存のものが何もないところから始まったという点で、まさにパイオニアとしての苦労があった。私はそのキャリアガイダンス部の部長、すなわち主任に請われて着任したのであった。前任校で、進路指導主任の経験があったものの、さすがに慣れるまでは大変であった。なお、「キャリア教育」という言葉が、学校現場で盛んに使われ始めるようになるのが、丁度この頃であったことを申し添えておく。

さて、その主任を4年間務める中で、私が直接手掛けた〝一大事業〟ともいえるものがあった。それが、中央大学との高大連携事業である。「高大連携」は、今でこそ、しばしば耳にする言葉であるが、当時はまだ馴染みも少なくとても珍しかった。当然、全国的にも初の試みで、マスコミにも取り上げられた。この事業は、本校生徒がある一定期間大学に通い、そこで修得した成果を高校の修得単位として認定するというもので、そのためのシステムづくり等の環境整備に相当なエネルギーを費やすこととなった。校内における履修規定を改定する作業に加え、何度も大学関係者と実務レベルの話を進め、最終的には、大学の学長と本校の校長とで協定書を交わして連携事業の締結を行った。当時としては、とても画期的な事業であったが、裏方は大変であった。

定員割れの学年主任として　～「後ろ指を指させない！」を合言葉に～

私は４年間のキャリアガイダンス部を経て、学年に入ることとなった。校長からは、教務主任を強く勧められていた。教務部は、初任時に入選業務を担当しただけでほぼ未知数であったので固辞した。ならば、学年主任を、ということで決まった次第である。

この学年はスタート時点から難題を抱えていた。それは入試で定員割れをしてしまった学年だからだ。定員割れとは、どういうことを意味するのか。都の規定では、「募集定員に達しなければ、受検者の能力の如何に関わらず全員を合格者とする」となっている。つまり、入試で定員割れとなった学校は、一次募集受検者を学力検査の得点に関係なく全員合格させ、さらに、定員に満たない分を、二次募集、三次募集等を行い、受検者を定員に達するまで受け入れるということだ。したがって、当該学年は、学力差のある様々な生徒を抱えることとなっていた。「定員割れ」「全入（全員入学）」の弊害は、一つに生徒の意識、モラール（士気）に影響することでもあった。何かにつけ、「どうせ、俺たちは（定員割れの学年だ）」と卑屈になる。そしてそのことが、逃げの口実にも使われ、負のスパイラルが始まるのである。

そんな中で、彼らを受け入れる新学年団が〝小さな希望〟と〝大きな不安〟を抱えて発足した。学年団のメンバーは、国語科のＭ教諭、数学科のＳ教諭、体育科のＡ教諭、英語科のK教諭とW教諭、そして地歴科の私の〝六人衆〟であった。

この学年が最初に取り組もうとしたのが、「学力向上への取り組み」だった。定員割れの学年の一般的傾向として、上位層と下位層の学力差が激しいことがあげられる。そのために、始業前の「朝学習」、そしてSHRでの「5分間ドリル」を継続的に行い、基礎学力を身に付けさせる。さらにモラールアップを図るために、定期考査や模擬試験、5分間ドリルの結果など様々な取り組みの成果を学年掲示板に張り出し表彰していく。そして、頑張った者にはどんどん〝光〟を当てて、学年全体の士気高揚を図る、というものだった。

さて、その試みを職員会議に提案したところ、当該学年以外の全教員から猛反発を買うこととなった。まず朝学習については、「誰が面倒を見るのか?」「朝早くから生徒を登校させて、もし事故が起きたら誰が責任をとるのか?」。成績優秀者の掲示では、「個人のプライバシーの侵害だ!」「生徒を競わせて、いじめが起きたらどうするのか?」「優秀者を張り出してどれほどの効果があるのか?」「このような勝手な取り組みを前例にしないで欲しい!」など、散々だった。私からしてみれば、開いた口が塞がらない、あきれてものが言えない、そんな心境であった。このままでは、我々学年の折角の試みも、学年外の部外者によって踏みにじられてしまうと思った私は、「学校の責任者は校長であるから、最終的には校長に決めてもらう」と主張し、反対派を押しのけ、何とか〝中央突破〟を図った。

しかし、現実は厳しく、事はそう簡単には進まなかった。朝学習は、こちらの期待に反して、最初から各クラス数名程度の参加者で停滞した。「それ見たことか‼」との陰口も聞こえてきたが、意地でもやり続けた。ＳＨＲの5分間ドリルは、学年の英語と国語の教員が問題を作成し、各担任が自分の専門教科とは関係なくとも、配られた模範解答を片手に採点・集計を行い、生徒に返却することを続けた。そして月間ＭＶＰとか年間最優秀賞などの賞を付与して、イベント風に盛り上げていった。私たち学年団は、「定員割れの学年とは言わせない！」「誰一人後ろ指を指させない！」、こんなことを合言葉にして、団結心に燃えていった。

全都初の海外修学旅行　～実施間際に「9・11事件」‼～

ところで、そんな〝二次募〟の学年〈注1〉に、なんと都立高校初の海外修学旅行の話が降ってきた。ここでもまさにパイオニアとしての苦労があった。とにかくゼロからの出発、そして、様々な課題を抱えた学年、それがこともあろうことに海外へ?! 行き先は、オーストラリア、ハワイ、韓国、マレーシアなど、さんざん検討した揚げ句、シンガポールに決まった。

ちなみに、私の海外旅行経験といえば、数年前に前出の歴史の研究会のＫ会長のお誘いで、東京都の歴史教員を代表して、台湾を視察訪問した時の1回だけであった。学年団のメンバーも半数はパスポートすら持ったことのない者で占められていた。そうした者たちが無い知恵を絞り、幾度となく会合を重ね準備を進めていった。

そんなある日、世界中を震撼させる事件が起きた。いわゆる「9・11事件」〈注2〉である。それは、丁度、修学旅行の打合せもあって遅くに帰宅した日のことだった。晩御飯を済ませ、ソファに寝っころがってテレビのリモコンをオンにしたら、ハイジャックされた飛行機がアメリカの世界貿易センタービルに突入する映像が飛び込んできた。最初、映画のワンシーンかと思ったが、そうではなかった。まぎれもない事実、現実の出来事であった。その時、これから大変なことになると瞬時に思った。

そんな予感は的中し、これまでにない想定外の対応や準備に当たらなければならないことになっていった。当時は、沖縄方面の修学旅行でさえ、「自粛すべし」という意見も取り沙汰されるような情勢であった。そんな中、都教委はどう反応したのか。結論から言うと、こうだ。「すべては校長の責任で!!」「学校が判断すべし!!」、ということだった。唖然としたが、ここで都教委批判をしてもらちが明かないので、これ以上の深追いはやめておく。兎に角、それ以来、我々担任団は外務省のホームページを常にチェックし、実施できるかどうかの情報収集をしていくこととなった。そして、万が一の様々なケース、しかも最悪の事態を想定しシミュレーションをしていった。加えて、動揺する生徒や保護者への対応も想定外の仕事となっていった。

そして、ある時期を過ぎた頃から、校長と我々学年団は何としてでも実施するという方向に強く傾いていった。学年内で誰一人として、止めようなどということを口にする者はいなかった。それどころか、外野の不安が募れば募るほど、学年担任団の皆が、何としてでもこの修学旅行は成功させなければならない、という気持ちで〝結束〟していくのを感じた。こうして、様々な障害を乗り越えながらも、担任団が一致団結して準備は進められていった。

そんな中、唯一学年内が真っ二つに割れることがあった。それは宿舎の選定の時である。旅行担当のＡ教諭は超高級ホテル「ラッフルズ・ホテル（Raffles Hotel）」〈注３〉を推し、学年主任の私は一般のホテルでよいと、毎回、喧嘩腰の平行線であった。学年内の意見は、３対３の同数で決着がつかないまま時が流れた。そして業者選定のギリギリの直前で、私が折れて〝ラッフルズ〟を提案することで学年の意見をまとめた。当然、校長をはじめ、事務長（のちの経営企画室長）からは、何でそんな高級ホテルに泊まる必要があるのかと懸念する意見が出された。私は学年を代表して、今回の修学旅行の目的の一つとして「高いクオリティー」を掲げており、それを追求した結果であり、何時間も議論の末、到達した結論でもある旨を説明し何とか了承してもらえた。後にも先にも最初で最後か？　日本の修学旅行生が同ホテルを利用した話はこれ以降聞いていない。

余談ではあるが、修学旅行を実施するに当たり、必ず実地踏査、いわゆる「実踏」という事前の調査旅行が行われる。私は旅行担当教員2名とともに、学年主任という立場で実踏を行い、当然ラッフルズにも宿泊した。そして、本番の旅行でも同様に同ホテルに宿泊した。まさに〝公費〟で2度も泊まった人間である。

さて、宿泊するに当たり、ホテル側から一番強く言われたのが、〝ドレスコード〟、すなわち〝生徒の身だしなみ〟のことであった。ラフな格好で入館するのは禁止で、必ず、フォーマルなスタイルで、とのことであった。そこで生徒たちには、赤道直下の南国で気温もかなり高かったが、ブレザー・ネクタイの制服着用を義務付けた。生徒たちはそのホテルに泊まるためだけに制服を持参することとなった。生徒の中には、家庭の事情もあってか、アイロンのかかっていない、よれよれのズボンやテカテカした上着、裾がほころんでいる者もいて、目を背けたくなる場面もあったが、彼らは客人として、そして日本の高校生として、大変緊張した面持ちでドアボーイの前を通過したのであった。その時の光景がとても印象的で、今でも目に焼き付いている。

〈注1〉「〝二次募〟の学年」 定員割れを起こすと、都の規定では、募集定員が埋まるように二次募集を行わなければならないことになっていた。そのため「定員割れ」＝「二次募集」ということで、俗に「二次募の学年」といわれることもあった。

〈注2〉「9・11事件」 正しくは、「アメリカ同時多発テロ事件」という。2001年9月11日に航空機等を用い米国内の４か所で同時多発的に発生したテロ事件の総称。９月11日に起きたことから俗に〝９・11事件〟ともいわれる。米国本土がテロリストの攻撃に晒された事件であり、加えて米国の中心部が次々と攻撃された事実は、世界を震撼させた。これを機に、国際テロ組織の脅威が世界的に認識されるようになり、米国はテロとのグローバル戦争を表明し、アルカイダやその関係国への報復としてアフガニスタン紛争やイラク戦争に繋がった。（出典：『ウィキペディア』より「アメリカ同時多発テロ事件」https://ja.wikipedia.org/wiki/２０２０年５月17日〈日〉16：50　一部参照）

〈注３〉「ラッフルズ・ホテル（Raffles Hotel）」シンガポールの最高級ホテル。１９８９年ラッフルズ・インターナショナルにより全面改装され、１９９１年に再開。ホテルの名称はイギリスの植民地行政官でシンガポールの創設者であるトーマス・ラッフルズ卿に因む。ミシュランのシンガポール版（２０１６）では、最高評価の赤パビリオン５（特に魅力的で、豪華で最高級）にランクされている。客室数は１０３室、全室がスイート。１室の１泊料金は、約12万円～約13万円（時期により変動）で、シンガポールのホテルの中で客室の料金が一番高く、他のシンガポールの高級ホテルと比べて、最低でも約２倍高く設定されているという。（出典：『ウィキペディア』より「ラッフルズ・ホテル」https://ja.wikipedia.org/wiki/２０２０年５月17日〈日〉16：55　一部参照）

将来構想検討委員会の委員長として　～悪戦苦闘するも評価は「Ｃ」～

さて、海外修学旅行から帰ってくるや否や、私を待っていたのは、「将来構想検討委員会」の大仕事であった。これは校長の命を受けて、10年、20年先の学校のあるべき姿、いわゆる将来構想を検討していくというものであった。いわば「学校改革の委員会」とでもいったところだ。メンバーは、今思うに、その多くが消極的で、校長に指名されたから仕方なく参加しているという感があった。反対はしないが協力もしない、会の中心となるようなポストは御免被るといった姿勢で、結局のところ、自分が委員長をやる羽目になった。

職場内の受け止め方も、決して良いものではなかった。校長から〝特別扱い〞されたメンバーが勝手なことを企んでいる、そんな色眼鏡で見られるのを肌で感じた。職員会議などにおいて、定期的に進捗状況を報告していったが、その度に、猛反対、総スカンを食らった。中には、個人的な罵声を浴びせる者もいた。

委員で手分けして、先進校の視察も行い、新しい教育課程の編成案などの骨子をまとめていこうとしたが、猛反対の中、遅々として進まなかった。年度末に、校長の委員会に対する評価が下った。それはかなり厳しいもので、「C」評価であった。私は人事異動の関係で、後任に託すことになってしまったので、その後のことはよくは知らない。

ところで、この取り組みもよくよく考えてみれば、前任校の時、まわりの協力が得られず、何もかも自分でやった状況に実によく似ている。進路指導主任、教育課程委員長、そして今回の将来構想検討委員長と、これまでの人生、こうしたことの繰り返しであった。

管理職選考（副校長選考）に合格　～妻には内緒～

前任校に勤務する頃から、指導主事や管理職に興味・関心を持っていたことは前述したところである。そうした背景には、管理職からのお声掛けもあってのことではあった。本格的に考え始めたのは、現任校に異動してからである。前任校でもそうであったが、現任校も管理職選考にチャレンジする者が比較的多かったこともあって、そうした気持ちに自然と駆り立てられていったのだと思う。

最初の受験の時は、何が何だかわからぬままチャレンジし、ものの見事に失敗した。職場内や外部にも無料の勉強会はあったが、私は次の受験からは民間の通信添削に申し込んで、いわば〝資金投入〟をして臨んだ。金をつぎ込んだからには、それ相応の結果を出さないと……、という思い、すなわち自分自身を追い込む狙いもあってそうした。そして、試験後、確かな手応えを感じたと思ったら合格していた。合格した理由を考えてみると、丁度私が受験する頃に選考方法の変更があった。最初に失敗した時は、論文試験のみであったが、その後、選考方法が変わり、教養試験と論文試験の二本立てに変わった。教養試験は択一式のもので、教育法規、教育原理、教育心理、学習指導要領、時事問題など、普通の受験勉強と変わりなく、準備しやすくなった。また、論文試験は、民間の添削指導を受けることにより、的を射た指導を受けることができたこと、などが考えられる。

さて、ここまでは、〝合格〟といっても一次選考までの話で、その先がまだある。次の関門が二次選考である。これは私が得意とする面接試験である。以前から面接には自信があったが、いくつかの勉強会からお誘いいただき面接練習を重ねていく中で、最終合格に辿り着くことができた。

合格発表の日の夕刻、勉強会のO会長から私の自宅に電話がかかってきた。私は不在で妻が電話に出た。「おめでとう」の祝意が伝えられ、そして、「詳しいことは後で旦那に聞けば分かる」といって電話が切れたとのこと。妻には、受験することも、ましてや合格したことも一切内緒にしていたものだから、妻は何が何だかわからなかったようだ。ここまで来ると、私も言いそびれて、電話のあったその日は、なんだかんだとはぐらかし急場をしのいだ。さて、いつ伝えたのか。タイミングを逸すると、益々言い出しにくくなるものだ。結局のところ、妻には2年間の任用前研修を経て、いよいよ昇任する間際になって初めて伝えたのだった。

管理職候補者研修(1)　～民間企業派遣研修への参加～

任用前の研修の一環で、夏季休業期間中に某大手商事会社へ派遣されることとなった。わずか3日間という短期集中研修であったが、学校社会では得られない数多くのことを学んだ。大別すると、教員として、特に教科としての側面から授業を通して生徒に還元できるものと、管理職として、経営管理の側面から学校経営に生かせるものとの両面があった。今回は管理職候補者という立場から後者の視点で振り返ってみたい。

私が派遣された商事会社では、現場に出る実践的体験型（デパートやスーパーなどでの販売体験など）の企業研修ではなく、組織のシステムや企業戦略などについて、論理的に学ぶ講義中心の座学研修であった。その中で、特に学校経営を考える上で参考となる点を次にあげる。

まず第一に、企業の経営方針である。その商事会社では3年単位で経営計画を練り直し、リスクマネジメントを行い、リスクとリターンのバランスを欠く場合は即座にその事業から撤退する。いわゆる「ＥＸＩＴルール」が設けられ危機管理が徹底されている。また、経営方針の策定に際しては、現状を踏まえるのではなく、まず未来像を設定し、そのためにはどうあるべきかを考えるという発想の手法をとる。教育現場では、往々にして、今ある状態に縛られ、思い切ったダイナミックな発想が生まれてこない。目標は「ＭＣ２００３」という経営方針に示されているが、企業である以上、具体的数値、例えば、純利益１２００億円などと高いハードルを掲げる。その目標達成のために全社員一丸となり、様々な戦略を練り、内部機能の強化、制度・体質の改革を実施する。改革は「既存の延長線上で小手先の改革をやっても何も変わらない」と言い切る。また「改革する時はすべてを一気に改革する。その際、経営トップの強力なプッシュが必要となる。組織にはそれぞれ事業部門があるが、その部門にぶら下がっている病巣にメスを入れる必要がある」と。なお、配布資料には「地位保全・組織防衛に陥るな」と記されていた。

第二に、企業として将来にわたり存続していくためには、常に新しいものを探求していく必要があるということ。そのための戦略をその商事会社では、「R&D戦略（新技術と知的財産の事業化による価値創造）」と称している。そして、社長直轄の組織として事業開発部があり、様々な新事業を立ち上げている。また「営業開発助成金制度」を社内に設け年間予算10億円を投じ、また「コーポレートベンチャー制度」（100億円の社長ファンド）で社内型ベンチャーを積極的に促している。現在までに30件応募があり、7件の実現がみられたという。

最後に、研修全体を通して感じたことはコスト意識の視点であった。例えば、社内研修一つをとっても、会場費・出張費などを削減するために、インターネットを活用し、いつでも、どこでも学習できるシステムを構築している。そして、企業活動の至る所でリスクとリターンの視点が存在する。何のためにその事業を行うのか、その費用対効果はあるのかないのか、そのリターン（見返り）の部分の判断によって、すべてが決まるとの印象を強く持った。

管理職候補者研修(2)　～研修成果を学校経営に生かすために～

今回の企業研修では、特に企業戦略とコスト意識について学んだ。こうした民間の経営手法は、学校現場の様々な場面で生かしていける。

そのためには、教職員の意識改革が大前提となる。具体的には、企画調整会議にメスを入れ、教職員の発想の転換を図る。同会議は、校長・教頭（のちの副校長）・各分掌の主任層及び事務室（のちの経営企画室）の行政系職員からなる学校経営の要となる機関である。そこを変革し、〝経営戦略会議〟と位置づける。そこで扱う様々な学校課題に対して、検討時の取り組み姿勢を抜本的に転換する。すなわち、これまでは現状分析に重きが置かれるあまり、現状の呪縛から脱却できなかった。現状を踏まえていたのでは、いつまでたっても現状は変えられない。まずは、こうあるべきだ、こうありたいという理想像を掲げ、それを具現化するために何をなすべきなのか、またその障害となっているものは何なのかをあぶり出し、その上で課題解決のための具体的方策を打ち出す。従来は、その根本の部分（病巣）をえぐり出さずに、曖昧なまま、ただ現象面を捉え、当面の解決策を検討する域にとどまっていた。したがって、抜本的解決には至らず、小手先で終わってしまっていた。学校社会というところは、あるところまで来ると、責任追及の手を止めてしまう〝ある種の作用〟(注4)が働く。民間企業のように目標達成のためには、その障害となっている原因を徹底究明する厳しい姿勢が求められる。

次に、コスト意識である。学校現場ではコスト意識が大変希薄である。公立学校は尊い税金で賄われているという認識を常にもつべきである。企画調整会議をはじめ、職員会議等で折に触れ、学校における様々な教育活動の諸経費について報告し、教職員にコストを認識させる。また学校予算も常に費用対効果を念頭に置き、予算の立案・配分・執行を行わねばならない。また教育活動の企画・立案においても、それを実施するだけの教育的な必要性、意義のあるなし、そしてその効果の程はどうなのかといったことなどを考えねばならない。すなわち民間のリスク&リターンの発想である。学校現場はこの観点での厳密な精査が欠落している。「生徒のため」「教育上」といった曖昧な名分で物事が処理されてきた。その改善策として、予算調整会議にコスト意識を明確に導入し、予算の立案・配分等を行わせる。

最後は、経営トップに新企画を提言する組織についてである。私が派遣された商事会社では、社長直属の「事業開発本部」というセクションがあって、様々な新規事業を立ち上げていた。これを参考に、学校現場でも校長直属の「活性化委員会」（仮称）のようなプロジェクトチームを立ち上げ、常に新しいものを探求する機関を組織として構築する必要がある。これからの時代は、企業のみならず学校現場も生き残りをかけて、常に新しい教育活動を展開していかなければならない。そのためには経営トップの校長に新企画を提言する組織が必要と考える。

〈注４〉「ある種の作用」　学校は教育活動を行うところであり、そこで繰り広げられる教育というものは、人を相手にする営みでもある。よって、結果よりも、そこに至るまでのプロセスをとりわけ重視する傾向がある。このことが「人」よりも「数字」、「結果」を重視する民間とは大きく異なる点である。ある意味、そのことが学校社会にとって、〝改革の足枷〟ともなっていることは皮肉なものである。

第4章

4校目

西部地区の定時制高校

平成15年4月、人事異動。4校目は西部地区の定時制高校であった。東京都の教員に採用されて初めての西部地区であり、かつ初めての定時制課程（夜間）勤務ということであった。管理職候補者として、様々な経験を積む必要があると自らに言い聞かせ、それ相応の覚悟を決めて赴任した。

管理職候補生として　～強制異動、その先で身構えていたのは～

東京都では、管理職候補（管候補）になった場合、所属校の校内事情の如何に関わらず、東京都全体の観点から人事異動の対象となる。すなわち、地区、校種、課程等の枠を超えて、全都的な視野で異動作業が行われるということである。ただし、管候補1年目は、私は2学年の学年主任であり、また海外修学旅行も控えていた関係で、例外的に異動を免れ、同じ職場で任用前研修（1年目）を受けることができた。次年度（2年目）も当然、卒業学年の学年主任として、生徒を卒業させるつもりでいた。しかし、先にも触れた通り、現場のレベルを超えた別の事情で、異動しなくてはならないことになった。しかもその決定は、年度末の3月ギリギリに決まった。校長も残留できるよう色々と動いてくれたようであったが、都教委は異動の決定を下した。周りからは、「自分のために、中途半端に投げ出すのか」、といった声も聞こえてきた。そして、ギリギリに決まったもので、生徒にも何も説明もできずに春季休業に入ってしまい、そしてその流れのまま4月の異動となってしまった。生徒たちは、3年生になった4月の新学期始業式で、担任が代わったことを告げられた。何とも無情な人事であった。

さて、その異動先は、東京の西部地区の夜間定時制高校であった。初めての定時制だった。異動が決まった日の週末、妻といつものようにスーパーに食材の買い出しに出掛けた時のことである。妻が「これからしばらくは、食事（夕食）の用意をしてもしょうがないんだ」と呟いて、買おうとしていた食材を買い物かごから売り場に戻した。その時、何とも切ない気持ちに駆られたのを今でも思い出す。というのも、定時制は午後から勤務が始まり、夕方に給食が出て、帰りが遅くなるからであった。私はこうした夜間の定時制勤務の中で、1年間の任用前研修（後半）を受けることとなった。

ところで、私が赴任した時、すでに職場の教員たちは、〝管候補〟として赴任したことを皆知っていた。特に、組合色の強い職場であったので、〝異人種〟が来たかのように身構えていて、他の同僚とは明らかに違う接し方をされ、歓迎されていないことを肌で感じた。

そんな4月の半ば過ぎ、前任校で担任をしていた時の教え子が、突然、私を訪ねて来た。そしてクラス皆の寄せ書きの色紙と手紙を渡された。その時の自分の姿があまりにも疲れ切っていたようで、彼女は開口一番、「先生、元気なさそうですね」と一言。私「うーん、今とても忙しいからな」「わざわざ遠いところをありがとう」「気をつけて帰ってね」。ものの1、2分の会話で、遠くから電車を乗り継いで訪ねて来てくれた生徒を返してしまった。今思うと、何と冷たい対応だったのかと自責の念に駆られる。その女子生徒は、私のことを以前から慕っていてくれ、私の突然の異動を悲しんでくれていたようだった。それは渡された手紙を読んでわかったことだった。何と素っ気ない対応をしてしまったのかと後悔した。当時の私は、それほどまでに心のゆとりがなかったのだった。

初めての教務主任　～教務を知らずして～

着任するや教務主任というポストが待っていた。前述した通り、教務という分掌は、新規採用時に2年間の経験があるだけで、いうなれば全くの素人である。しかし、立場は〝管候補〟、もはや一教員ではないし、避けて通るわけにはいかないポストであった。

そもそも「教務」というところは、学校組織の中で最も重要な部署で、入学者選抜からはじまって、時間割、教育課程、教科書、月間・年間行事計画、入学・卒業式等の儀式的行事や成績会議等の司会・進行、その他諸々の会議への関与等々、学校運営の中枢に位置するポストである。そして、常に管理職と相談しながら業務を進めることが求められた。教務を知らずして管理職は務まらないとまで言われ、昔は、教務主任から教頭へという管理職の登竜門のような位置づけでもあった。異動したばかりで、学校のことも全く分からない状況下で、かつ初めての教務主任ということで、とても大変ではあったが、来るべき管理職昇任に向けていい勉強をさせていただいたと、今、つくづく思う。

家族の支え　〜犬のお出迎え〜

さて、昼近くに出勤し、夜12時頃に帰宅するという定時制勤務にもようやく慣れてきた頃、いつものように自宅最寄り駅に降り立って改札を出ると、向こうの方から元気のいい犬の鳴き声が聞こえてきた。こんな夜中に近所迷惑な犬だと思いながら、その鳴き声の方に目を凝らして見ると、薄明るい外灯のもとに、愛犬梨里（りり）と犬のリードを握りしめた妻の姿があった。

梨里は私がわかったようで、尻尾を激しく振り、より大きな声で鳴きわめく。おまけに、酔っ払いにも、見境なく吠えまくる。その後、私の鞄と妻のリードを持ち替えて、興奮冷めやらぬ愛犬と一緒に久しぶりに３人？で散歩して家路についた。〝家族〟に支えられていることを感じたひと時であった。

第5章 5校目 東部地区の定時制高校

私の教員生活36年間の中で、後半の14年間は管理職としての時期に当たる。うち副校長時代が5年間、校長時代が9年間であった。その中で、私にとって、最も衝撃的だった時期が、定時制副校長時代の3年間であった。副校長時代後半の2年間は全日制の勤務であった。全日制へ異動した時、地獄から天国へと〝昇天〟したかのような錯覚に陥ったのを今でも覚えている。それほどまでに定時制副校長時代が、〝地獄〟の、そして〝暗黒〟の時代だったということである。

副校長に昇任　～「もう戻れない橋」を渡る～

平成16年4月1日、辞令交付式が行われ、私は教育長から辞令を受け正式に副校長となった。会場は上野公園内にある東京文化会館だった。その日の朝刊には教職員の異動の特集記事が掲載され、改めて副校長としての自身の存在を認識することとなった。その日の天気はどんよりとした曇り空で、私の心境と重なるものがあった。なぜなら、管理職という名の重たい十字架を背負わされたような気持ちであったからだ。そして交付式に臨んだ副校長たちは、式後、配属先の各学校現場へと放たれるのであった。言うなれば、戦地に赴く〝同期の桜〟といったところだ。だから、その時の私は重圧感と緊張感で、とても〝陽〟の気分に浸れるような心境にはなかった。

副校長になった時、「もう戻れない橋」を渡ってしまった、と思った。そして副校長席にあった〝パンドラの箱〟(注1)を開けてしまったその瞬間から、これまでの教員人生で経験したことのないような様々な〝災い〟が、私の身に次から次へと降りかかってきた。そして、その苦しみから逃れるために、「宝くじ」を当てて逃避することを真剣に考えた時もあった。それほど苦しかった時代、それが定時制副校長時代である。そこで起きた出来事は、墓場まで持っていかなければならないこともあり、そのすべてを詳らかにすることはできないが、ここでは、その一端をお話ししたいと思う。

〈注1〉「パンドラの箱」 ギリシャ神話。ゼウスがパンドラに持たせた災いの詰まった箱で、好奇心から蓋を開けた途端、あらゆる災いが地上に飛び出てきたという話。（出典：「デジタル大辞泉」より「パンドラの箱」参照）

服務監督者として　～気の抜けぬ日々～

さて、その最初の橋を渡った先にあった学校は、東部地区の定時制高校だった。この学校は、生徒の問題行動や教職員の服務上の問題など多くの課題を抱えた学校として、全都的にも有名な学校であった。着任時、会う人会う人皆から、「大変だけど頑張って」と口々に声をかけられた。当の本人は何が大変か、まだよくわかっていなかった。

着任して1週間ほどたった日の放課後のことであった。定時制だから退勤時間は夜の22時、つまり午後10時が勤務終了となる。ところが、退勤時刻30分前の午後9時30分に、鞄をもって昇降口から出ようとしている女性教員がいた。呼び止めて、まだ勤務時間中である旨を告げ、問い質したところ、逆に開き直って、「いつも生徒のために遅くまで勤務している。たまに早く帰って何が悪い」と、激しい押し問答の後、振り切って帰ったので、年休処理簿に職権でもって「早退」と記入し押印した。すると翌日、組合員から「副校長！　話があるので来てくれ！」と呼び出され、校内の一室で何名かの教員に囲まれた。

そして昨日の私のとった行動を撤回するよう求めてきた。最初は穏やかな口調であったが、私が意を曲げないと見るや、糾弾集会の様相を呈した。当該教諭からは「〝あんた〟のこと一生恨みます」とまで言われた。彼女からは、その後1年間にわたり、事あるごとに、処理簿の記載を取り消すよう求められた。

こうした服務上の課題は、当該教諭のみならず、職場風土として存在していた。そして、「隙あらば……」という〝雰囲気〟や〝臭い〟が漫然と漂っていた。そして、職員室の時計は、なぜか何度調整しても、いつの間にか5、6分は早められていた。服務監督者として、常に警戒して目を光らせていなければならない日々が年間を通してあり、気を緩めることができなかった。毎日、勤務時間終了の午後10時を過ぎると、とても心が安らいだのを覚えている。

入選替え玉事件　～マスコミの格好の餌食に～

「早退事件」から2か月程たった頃だろうか、当該校の全日制課程で「入選替え玉事件」(注2)が発覚した。今度は入選（入学者選抜）の事故対応である。マスコミがここぞとばかり、何十社もやってきて、興味本位、ゴシップ的に騒ぎ立てた。三大新聞をはじめ、週刊誌、スポーツ新聞に至るまで押しかけてきた。本庁からは事前に、「夕刻、報道各社に対してプレス発表を行う」との連絡があり、私どもはそれなりの覚悟で構えていたが、そのマスコミ攻勢たるや凄まじく、校門前にはクルーを乗せたワゴン車が数台停まり、電話はひっきりなしに鳴り続ける。私は校長室にへばりつき、校長の電話対応の速記録を担当した。そしてすべての新聞各社の記事を収集・チェックし、〝大嵐〟のような対応は終わった。翌日は職場の歓送迎会であったが、私の身体は疲れ果て、週明け提出する事故報告書の作成もあったので欠席した。校長は上司をほったらかして部下が勝手に休んだことにご立腹であった。

そもそもこの事件は、着任する前年度に全日制課程の入学者選抜で起きたことである。その意味で、新補であった校長も私もいわば犠牲者みたいなものであった。当該受検生の自宅に家庭訪問するも不在で、なかなか事件の真相は解明できずじまいであった。また校長も私も、そして全日制の副校長も全員が、同時異動であったため、直接の当事者が誰一人としておらず、何もかもがはっきりとしない状況下で、〝大嵐〟に巻き込まれたようなものだった。その時、身をもって感じたのは、自分が直接の当事者ではなくても、管理職という立場である以上、その事案は「組織の問題」として受け止めなければならないこと、そして、管理職はその組織の責任者として、対応しなければならないということであった。それが、一般教員と管理職の大きな違いであるということだ。

〈注2〉**「入選替え玉事件」** 本人が知らぬ間に、別人が受検合格し、入学手続きまでもが行われていたというもの。本人が入学式以降、一度も登校しなかったことから、担任が家庭に連絡して発覚。真相は、父親が本人や家族に無断で知人に替え玉受検を依頼したものとみられる。(出典:『朝日新聞(朝刊)』より「平成16(2004)年6月12日の記事」を一部参照)

体罰事件　~発覚というより摘発か?!~

それからしばらくして、都教委への報告書の作成等も終え、ようやくほとぼりが冷めた頃、またしても全日制で、今度は体罰事件が発覚した。厳密に言えば、〝発覚〟というよりも〝摘発?〟というべき事案であった。日頃から課題のある教員を、体罰事案を通して都教委に挙げた、というのが的を射ているかもしれない。少なくとも定時制担当の私にはそのように思えた。

この件も全日制課程の事案であったが、なぜか事故報告書の作成から始まって、後始末の対応までを新補の副校長、しかも定時制の私が担当することになった。昇任して数か月で、事故報告書の作成の仕方、そして都教委とのやり取りの方法を一通り学んだ。その意味ではいい勉強にはなった。しかし、なぜ全日制で起きた事案なのに、こうも続いて定時制担当の副校長が対応しなければならないのか、釈然としなかった。今、思うに、校長と全日制の副校長との関係が上手くいっていなかったからと推察する。

学校経営の適正化　～全都立高校に大鉈が～

丁度この頃、都教委から「学校経営の適正化について」という通知〈**注：**巻末資料「資料2 学校経営の適正化について（通知）」参照〉が全都の都立学校長宛てに発出され、企画調整会議や職員会議等の運営方法をはじめ、学校経営全般の在り方に対してメスが入った。

当該校では、着任時、「人事委員会」と「予算委員会」〈注3〉が公然と存在⁈し、職員室の黒板に委員会名が明記され、委員の氏名を記入する枠が表示されていた。さすがに、氏名の記入はなかったが、教員の内輪では決まっていたものと推測される。また、当該校では、これまでも企画調整会議というものは全く機能しておらず、前任者の時の「○月○日、第1回企画調整会議を開催す」との起案用紙が1枚存在するのみで、何の実態もない状態だった。

校長と私は、まずは彼らが〝本会議〟、すなわち〝最高議決機関〟と位置付けている「職員会議」〈**注：**当該校では毎週のように開催されていた〉を半年間停止し、適正化に向けた〝闘い〟、すなわち教員集団との〝綱引き〟が始まった。都教委は、企画調整会議を学校経営の中枢機関に据え、毎週開催すること、そしてそこでの決定が全てであるとした。一方、職員会議は校長の意思決定を周知する機関、すなわち補助機関であって、何かを決議するようなものではない〝報告の場〟である、というように位置付けた。そしてその開催も月

1、2回程度で毎週開かなくてもよいとした。

〈注3〉「人事委員会」と「予算委員会」

(1) 当時の都立学校の状況

かつての都立学校には、校内組織として「人事委員会」や「予算委員会」なるものが存在していた。そして、職員会議で選出された人事委員が、校務分掌案や主任案を作成し、職員会議において多数決で決定し、校長がこれを〝追認〟するというものだった。したがって、校務分掌の原案作成の過程で、校長の意向が反映されることはほとんどなかった。また、校長自らの判断で校務分掌の組織改編をし、主任等の人選を行うことは極めて困難であり、校長は人事委員会の作成した人事案を追認せざるを得ない状況にあった。

一方、予算委員会は、人事委員会で選出された予算委員と教頭及び事務長等の事務職員で構成された。予算委員会の役割は、学校予算の使途の検討を主とするが、教科関連予算のみを対象とする学校から、管理経費をも含めたすべてを対象とする学校まで、様々であった。そして、ほとんどの都立高校の校長は、予算編成に関与することなく、提出された予算案を右から左へと承認していくのみであった。

(2) 校務運営上の課題

このような状況下では、人事委員会が実質的に校長の人事権を侵害しており、校長が学校経営方針に基づき、校務分掌に関する組織編制、担当の選任及び運営を行うことは極めて困難となっていた。また校務分掌の決定に際し、教員個人の意向が優先され、学校全体の視野から適材・適所の配置や計画的な人材育成が図れない状況にあった。

また、予算委員会が学校の予算編成を行うことが慣例化し、校長がリーダーシップを発揮し、事務室が主体的に関わることが難しい状況になっていた。校長の予算編成指針が示されない中で、教員から選出された予算委員会が中心となって予算編成を行うため、各教科の要望や前例が重視され、真に必要とする分野への重点配分や新たな分野への取り組みが困難になっていた。

(3) 都教委の方針

こうした現状を打開するため、都教委は、通達を発出し、学校運営のあるべき姿、標準的な校内組織、校務分掌を提示するとともに、人事委員会を禁止する旨を示した。そして、各都立学校の校長は、本来の人事権に基づき、校長の責任と権限で、校内人事を決定することを指示した。また人事委員会と同様に、予算委員会も禁止する旨を通達で示すとともに、新たな学校予算編成方式を提示し、校長は学校経営方針とそれに基づく予算編成指針を明確にし、その指針に基づいて予算編成・管理・執行を行うこととした。（出典：『都立学校等あり方検討委員会報告書』（東京都教育委員会）より一部参照）

卒業式と教員の服務事故(1)　～プロローグ～

当該校では、卒業式に係る服務事故が、わずか３年の在職期間中に毎年のように発生した。着任初年度の卒業式ではピアノ伴奏事件、そしてその翌年は教員の不起立、そして次の年もまた不起立と、事故が連続して発生した。副校長２年目の時の不起立は、「歌・旗」（君が代・日の丸）に対する主義主張というより、校長の経営方針に対する恨み辛みであったと記憶している。なぜなら、当時、職員団体から校長に対して「ヒットラー」という揶揄が飛びかい、校長のやることなすことに反発があったからである。

そもそも、卒業式の実施要項というものは、一般的に実施3か月前から検討し始めることが多い。そして、要項が教職員へ示されると、決まって、組合との〝交渉〟が始まる。卒業式が迫ってくると、職員団体が校長室に押しかけてきて長時間に及ぶ団体交渉が繰り広げられる。当然、私は校長室で、そこで交わされた発言を漏れなく記録に書き留めて〝証拠資料〟として作成する。ある時は、外部団体の幹部を連れてきての交渉となることもあった。一度の交渉では大抵、物別れになるので、それが、二度三度と続く。こうした交渉は、勤務時間外で行われるので、定時制だと深夜に及び、時計の針が0時を回ることもしばしばであった。最終的には決裂のまま卒業式当日を迎えた。

さて、式の3週間ほど前になると、校長は職員会議などの席上で、全教職員に対し、「包括的職務命令」を口頭で行うことになっている。さらに1週間前までには個々の教員に対して「個別職務命令」を文書で発することになる。これらすべてのやり取りを行った日時を正確に記録にとっておく。理由は、言うまでもない、訴訟対応のためである。

卒業式と教員の服務事故(2) ～副校長1年目の卒業式～

いよいよ式当日。出勤してみると、とんでもないことになっていた。校舎の至る所に真っ赤なペンキで大きく「死ね」「ぶっ殺す」「〇〇見参」「××参上」などの落書きが目に飛び込んでくる。警察に通報するとともに、教員と一緒に、落書き消しをやった。３時間はかかったであろうか、定時制であったので夕刻の式典には何とか間に合った。生徒がこれを見ようものなら逆上し、報復行動に発展しかねない状況であった。とにかく、大事な卒業式が混乱しないようにと、必死で片づけた。聞くところによると、どうも、卒業生と地元の暴走族の対立抗争の影響のようであった。余談ではあるが、黒ピカの新調した皮靴が、ペンキ掃除の際に、染みがついてダメにしてしまったことが苦々しい思い出となっている。

式当日は、色んなことがあって、とにかく忙しかった。副校長として、都議会議員をはじめ、来賓接待、都教委の出席者への対応など大変慌ただしかった。加えて、校門前には、外部の政治団体が押しかけ、国旗・国歌反対を唱え、幟を立ててハンドマイク片手にわめいている。それを取り巻くようにビラ配りがたむろしている。これらを制するのも副校長の務めである。校門前に出て行くと、先方は弁護士をつけていて、強制退去を拒む姿勢を示してくる。こちらも何かあった時に備え、事前に所轄の警察には要請済みで、近くには複数の私服警官が張っている。

そうして、どうにかこうにか、開式までこぎ着けたが、ここからが本番、最も緊張する場面を迎えるのであった。東京都では音楽教師は、一般に国歌斉唱時のピアノ伴奏を務めることになっている。当該校の音楽教師は、女性組合員の最古参で、国歌斉唱には反対の立場であった。これまでも〝体調不良〟を理由に式当日に欠席をしたりしてきたが、この年ばかりは、自らが担任する生徒たちが卒業式を迎えるという状況にあった。彼女は、〝病気〟を理由に欠席するのか、それとも出席し、ピアノ伴奏をきちんと務めあげるのかの選択を迫られていた。最終的に、彼女はピアノ伴奏をすることを選んだ。さすがに、担任として卒業式を欠席するわけにはいかなかったのであろう。

しかし、意図的な行為なのか、偶発的な事故なのか、今となっては定かではないが、出だしの部分がはっきりしないまま国歌斉唱が始まってしまった。でも何とか国歌を斉唱したという〝形〟だけは取り繕い、その場はしのいだ。式後、出席していた都教委は、「〝許容の範囲〟か……」とうつむき加減に呟いた。結果として、特に問題にはされなかったが、あれは明らかに……。

卒業式と教員の服務事故⑶　～副校長2年目の卒業式～

さて、副校長として迎えた2度目の卒業式。式当日を迎えるまでの職員団体との激しい交渉、職場に漂う重たい空気、全く気の抜けない状況下で、不測の事態も鑑み、都教委の指導主事や全日制副校長にも応援要請し、万全の態勢を敷いて臨んだ。

しかし、不安は的中し、式が始まり国歌斉唱に移ると、途中からスーッと着席する教員が出たのである。案の定、不起立者が……。式後直ちに、校長室に当該教諭を呼んで事情聴取を行った。当人は意外にも冷静で、意図的に不起立を行ったとのことであった。そして、校長の経営方針が意に沿わず、〝不起立〟という形で反旗を翻したようであった。

ほんの一瞬の出来事ではあったが、事後処理の対応に費やした膨大な時間とその労力たるや、計り知れないものがあった。このような非生産的なことにエネルギーを消耗することに虚しさを感じた。そして、事故報告書を作成しながら、「こんなことをするために管理職の道に進んだんじゃない」と、大声で叫びたくなる自分がいた。

卒業式と教員の服務事故(4)　～副校長３年目の卒業式～

当該校において、３度目の卒業式を迎えた。校長も、私も、さすがに今年はもうないだろうと高をくくっていた。そして、校長の方から「今日、式が終わったら、飲みに行くぞ！」とお声掛けもあった。私も「わかりました！」と明るく返答した。

〝ところが〟、である。式が終わってみれば、またしても不起立者が出てしまった。それが、最も信頼していた中堅教員であった。後で事情聴取をしたところ、組合の中では、誰かが不起立をしなければならない状況にあったとのこと。そして、自分（当該教諭）が

〝人柱〟にならざるを得なかったのだ、と告白した。彼は学校運営にとても協力的で、全員が〝敵〟のような職場の中にあって、唯一信頼してきた教員だった。その彼が不起立を行ったことがとてもショックでならなかった。

余談ではあるが、当然のことながら、校長との飲み会は、都教委とのやり取りや報告書の作成などで、吹っ飛んでしまった。

卒業式と教員の服務事故(5) ~不起立を行ったら、一体どうなるのか?~

不起立を行ったら、一体どうなるのか。まず、その場で当該教員を前に現認を行う。その上で、式終了後、改めて当人を校長室に呼んで、事情聴取をし事実確認を行う。その後、直ちに教育委員会へ一報を入れる。そして、都教委との細かなやり取りの後、事故報告書を作成し正式に提出する。その際、企画調整会議、職員会議、様々な会議・打合せ等におけるこれまでの対応、当該教諭の言動等をすべて書きまとめ、加えて卒業式等に関わる指示を、何月何日何時何分に、誰が、誰にどのように行ったのかも明記し、そうした記録の「原本証明」をとって関係資料として提出する。これは訴訟になった際、耐えられるだけの〝証拠〟が必要になってくるからである。

ところで、事故を起こした教員及びその教員の所属する学校は、1年間をかけて、「服務事故再発防止研修」が課され、その都度、報告書を提出することが義務付けられる。これは、事故を起こした本人のみならず、そのような事故を生み出した職場も、〝組織としての課題あり〞と都教委はみるからであった。なお、不起立者本人は、「戒告」以上の処分発令を受けるのが通例である。そして、処分の軽重は、その時の状況や前歴なども加味してのものとなる。

生徒の問題行動と校舎の爆破予告　～報告書の山は私の〝勲章〞?!～

教員のみならず、生徒の問題行動も半端ではなかった。窓ガラスやロッカー等の器物損壊は日常茶飯事だった。校内で爆竹が破裂し、非常ベルが鳴り、あげくは爆破予告事件までもが起きた。見る見るうちに、私の机上は報告書の山と化していった。皮肉にも、そのうず高く積まれた報告書の山が、私の〝勲章〞のようにも見えてくる錯覚に陥ったこともあった。自慢じゃないが、当時、全都の副校長の中で、報告書を一番多く作成したのはこの私ではなかったかと思うくらいである。こうなってくると、私の感覚も、〝錯覚〞どころか〝麻痺〞してくるのであった。

ちなみに、この学校の教員集団は、「庁」のつくところが大嫌いで、極端な「庁」アレルギーを持つ集団だった。例えば、教育庁、警視庁、防衛庁（現、防衛省）などである。

しかし、爆破予告の時は、彼らの顔色を窺うことなく、すぐさま警察に要請をしたが、さすがにその時ばかりは、何一つ文句は出なかった。いつもなら、生徒指導上の問題で警察に相談しようものなら、「人権」を振りかざしてひっくり返って怒り出すところであったが……。

さて、生徒たちは、相変わらず校外でも、窃盗、恐喝、暴行など、次から次へと起こしてくれていた。月の半分はそうした対応で終電がなくなり、タクシーで帰宅することが多くなっていた。懐がさみしい時は、校長室のソファで寝泊まりをすることもあった。それにしてもほんとに〝元気のいい生徒〟、いや〝すごい輩(やから)〟のたまり場だった。

バット殴打事件　～校門前で傷害事件!!～

ある日の夕刻、校門前で傷害事件が発生した。それは、近隣の住民を本校生徒がバットで殴打したというものだった。校門前が騒然としているので駆けつけると、中年の男性が頭から血を流し倒れていた。そしてその傍らには、バットを持った本校生徒とその取り巻き連中が一緒に立っていた。そのバットを持った生徒こそが、つい先ごろ少年院を出所してきたばかりの生徒Aだった。

すぐさま救急車を呼び、病院への搬送となった。状況を察知した救急隊員が警察に連絡をしたようで、パトカーも駆けつけ、あたりは騒然となった。病院の集中治療室（ＩＣＵ）前で、私は医師から被害者の状況を知らされた。「命に別条はない」とのこと。ほっと胸を撫で下ろすのも束の間、すぐに校長に携帯電話で連絡するが、その日は、あいにく校長会の会合があり、酒席の後のようで、話が十分に伝わらなかった。並行して、教育委員会にも一報を入れ、事の次第を報告した。学校に戻った時には、すでに午前0時を回っていた。心配して残っていた教員を帰し、自分は都教委へあげる報告書を作成するため、その日は学校に留まることにした。

早朝、報告書をまとめ上げ、校長室のデスクにその書類を置き、出勤したらこれを都教委へ報告していただくようメモを残し、再び病院へ向かった。被害者の親族と面会し、謝罪をした。今後のことについては、別途、また相談に上がるということで、ひとまずは一段落した。職場に戻り、ひげ面で、血痕の付いたワイシャツのまま通常勤務に服した。

お前のところは〝学校の体〟を成していない　～ぐうの音も出ず～

こうした一連の不祥事が続く中、ある時、校長が出張から帰ってくるや否や、不機嫌そうにこう漏らした。「今日、高指課長〈**注：**教育庁指導部高等学校教育指導課の課長〉からお前のところは〝学校の体〟を成していない」と言われたと。私は直接言われたわけではなかったが、校長がそう言っているのを聞いていて、何とも言えぬ、居たたまれない心境になった。そして「その通り」であるが故に、ぐうの音も出ず、こぶしを強く握り締め、歯ぎしりしたのを鮮明に覚えている。

全国大会優勝　〜彼らのもてるエネルギーを良き方向に〜

彼らの唯一の拠り所はサッカー部であり、そして彼らの学校生活のすべてがサッカーだった。彼らは授業には殆ど出席せず、部活動の始まる午後9時過ぎ頃になると、どこからともなくやってきてメンツがそろう。そのうち少年院、鑑別所などの経験を持つものがリーダー格となり、〝組織〟を束ねていた。彼らは試合の対戦相手に対し、しばしば暴行をはたらき、出場停止処分を食らうこともあったが、その年の試合では、ガンを飛ばして突き進み、あれよあれよという間に全国大会までいってしまった。それどころか、なんと優勝杯までも手に入れてしまうという快挙?!を成し遂げた。

あれは、忘れもしない、全国大会の決勝戦の日。場所は静岡の清水エスパルス本拠地「ＩＡＩスタジアム日本平（日本平運動公園球技場）」。私は学校側責任者として応援席にいた。彼らは決勝戦といえども全く怯むことなく、例によって例の如く、ガンを飛ばしながら、相手校を攻めて、攻めて、攻めまくり、完勝した。

そして、彼らは優勝旗を掲げて凱旋し、学校はもとより、地元のヒーローとなった。そうこうしているうちに、私は望まなかったが、話がどんどん大きくなって区長表敬訪問と相成った。なぜか校長は、その任を副校長の私に命じた。そんな訳で、彼らを引率することになったが、この時の〝情景〟を想像してみてもらいたい。先にも触れた通り、彼らはその道では名うての連中で、髪は茶髪で、ガタイもいかつかった。校長が私に行かせたのも想像に難くない。私は部活顧問を通して身なりをきちんとし、〝普段と違う格好?!〟をしてきて欲しい。そして、何を聞かれても黙っていること。受け答えはすべて副校長の私がすることなどを事前に徹底した。こうして、無事?!表敬訪問が終わった。

ちなみに、私の校長選考の論文テーマは、この連中のエネルギーのベクトルをよき方向に向けさせ、学校を立て直す方策を述べたものだった。

校長選考、一発合格　～折角つかんだチャンス、逃(のが)してなるものか～

副校長として、赴任してから3年目の年、校長選考に合格し、翌年異動することとなった。着任時、校長が私に最初に言った言葉、それは「こんなところに、いつまでもいるんじゃない。最短の3年で駆け抜けろ」(注4)だった。その教え通りとなった。校長選考合格発表の日、校長の携帯電話から、合格の連絡が入った。校長は、まさか私が一発で合格するとは、ゆめゆめ信じていなかったようで、すごく驚いていらした感じが伝わってきた。副校長選考の時は、数回の失敗を重ねたうえでの合格であったので、私自身も「まさか」と思った。ただ一次選考（論文）が通った時、なぜか二次選考の面接は「絶対にものにしなければならない」「折角つかんだチャンスを逃してなるものか」、そういった思いがとても強かった。そして「チャンスをものにできるか否かで人生は決まる」と自分に言い聞かせていた。よって、一次選考よりも、二次選考の方が自分に火がついたように真剣になっていた気がする。それは、有能な先輩たちが、一次を何回も通過しながら、なかなか最終選考に勝ち残れない姿を何度も見てきたからに他ならない。

そんな訳で、一次はさほど力が入らなかったが、二次は用意周到に、〝どこからでもかかってこい〟、といった感じで万全の準備で臨んだのだった。面接当日は、先輩のアドバイスを受け、栄養ドリンク2本を一気飲みし、目をギラギラさせ、胸ポケットには、神社とお寺の2か所のお守りを左右に忍ばせ、下着は勝負色の真っ赤なパンツを身に着け、ことと次第によっては、面接官と刺し違えるぐらいの気合で臨んだ。そして、1時間前には、面接会場に到着し、近くの喫茶店に入り、ブラックコーヒー2杯を立て続けに飲み干し、煙草を10本位吹かし、ギラギラ感丸出しで面接に臨んだ。

校長からは、論文指導等、さして特別な指導を受けた記憶はなかったが、面接に臨む際に、一言アドバイスをくれた。それが私にとっては、とても貴重な助言となった。校長曰く「面接は、ドアをノックし、部屋に入ってから面接官に挨拶し、指定された椅子に座るまででほぼ決まる。後は流れに身を任せろ」と。どんなに賢い受け答えをするよりも、肝心なのは、一校を預ける、任せるにふさわしい校長としての〝凛とした姿が見せられるかどうか〟、教職員や保護者、そして地域住民などへの対応を〝この人はちゃんと上手くやっていけるのか〟、そんな観点から、「椅子の座り方一つにも気をつけろ」、とのことだった。

〈注４〉 当時、都の規定では、副校長３年目から校長選考の受験資格が得られ、合格した際は、原則、翌年度に異動となることになっていた。

第6章

6校目　中部地区の普通科高校

平成19年4月、人事異動。6校目は中部地区の全日制普通科高校であった。当該校は文武両道をスローガンに掲げ、都教委の「重点支援校」事業にもチャレンジしており、私は着任早々からその目標達成に向けて精力的に邁進することとなった。前任校と比べ、仕事量は3倍近くに膨らんだが、全く質の異なるもので、何一つ苦にはならなかった。いわば、〝地獄から天国へ〟と昇天したような気分で、世界が一変した。

なお、前任校で校長選考に合格していたため、この時期は、副校長としての通常業務に加え、いわゆる校長任用前研修も兼ねての時期であった。

副校長の仕事　～文書作成から人事、外部対応、何でもこなす万請負人(よろずうけおいにん)～

副校長の仕事というものは、トップ（校長）のやり方次第で随分変わってくる。私が仕えた上司は、そのほとんどを部下である私に〝任せる〟タイプであった。その代わり、部下の不始末やその結果については、校長自らがその責任を取るというものだった。よって、保護者宛て通知からはじまって、都教委への各種報告書・諸資料の作成、教員の服務管理、人事、業績評価に至るまで、ほとんど全ては副校長である私が案文を作成させていただいた。そして、校長の許可・了承を経て、最終的に校長名で提出、配布等となっていた。

繰り返しになるが、この手続きを校長自らが行う場合と、一部副校長に任せる場合と、ほとんどを副校長に担わせる場合との3つのパターンに分かれる。幸いにして、私の場合は、3つ目のほとんどを担わせられたケースであった。こうした経験が、色々と勉強となり、のちに校長職に就いてから大変役立つことになった。

また、外部対応において、学校に対するクレームなどで、「責任者を出せ」「校長を出せ」と怒鳴り込んできた場合も、直接、校長に取り次ぐようなことはせず、原則、副校長が対応し、相手に納得していただくよう努め、事なきを得るようにするのが副校長の大事な役目であった。そうしたことから、副校長というものは、仕事量のみならず、精神的な面で、相当なストレスが付加される職でもあった。それ故、同僚の中には、メンタル面で休職に追い込まれていくケースもあった。

管理職手当は部下のため　～ポケットマネーで現ナマ支給～

学校経営上の重要項目の一つに募集対策がある。中学校へ出向いて生徒・保護者向けに高校の説明を行ったり、塾や予備校にパンフレットを持参して宣伝・広報活動を行ったりと、近頃は、かつての都立高校では想像できないような〝営業〟を行い、私学並みの募集活動をどの学校でも行うようになってきた。その先頭に立ち、営業活動を行うのも管理職の役目の一つである。学校によっては、校長が前面に出て行くところと、副校長の場合と様々である。私のところは副校長が前面に出ることになっていた。そして、外部での合同説明会ともなると、副校長を筆頭に教員を10名以上派遣する場合もあった。私はその都度、弁当やお茶代として、一人当たり１０００円の〝現ナマ〟を副校長のポケットマネーで対応した。また、説明会後の反省会も、副校長として〝一席〟設けるのが常でもあった。

ところで、夏季休業中には、大抵の都立高校では部活動の合宿を行うことが一般的である。当該校は、加入率ほぼ１００％と、部活動が大変盛んな学校で、毎年、多くの部活動が合宿に参加していた。前任者の話では、例年、校長と副校長が〝陣中見舞い〟と称して、マイカーであちこちの合宿先に出向いて視察を行っていたようであった。私は管理職として、何日も校長と副校長の二人ともが同時に職場を離れることは、危機管理上において如何なものかと考えていた。加えて、同じ金を使うなら、最も効果的なやり方は何かを思案し、出た結論が〝現ナマ支給〟であった。そこで、各部活動顧問に対し、一律５０００円の餞別を配り、生徒のジュース代にでもしてくれと渡した。合宿参加のすべての部活に対してであったので、相当な額になった〈**注：**この時ばかりは額が額だけに校長にもスポンサーになっていただいた〉。そんな中、数名で参加する小規模な部活動があった。その部に対して「人数も少ないし、まあ、いいか」、そんな軽い気持ちで、現金支給を配慮しなかった。ところが、夏季休業も終わろうとした8月下旬、顧問がすごい形相で副校長席にきて、「うちの部活は無視された」とクレームをつけてきた。それにはさすがに驚いたが、丁重に謝して、遅ればせながら〝支給〟する羽目になった。

また修学旅行の引率責任者は、学校によっては、校長の場合もあるが、私が勤めた学校は、副校長の役目とほぼ決まっていた。そして修学旅行の反省会は、引率責任者である副校長が持つのが常であったが、さすがにその時は、予め校長の方から〝軍資金〟が提供された。他にも、教職員の慶弔も、かなりの出費につながり、重なる年は懐にも響いた。こうした費用の出処は管理職手当と私の小遣いからであったが、このような対応の背景には、某プロ野球監督の「部下（選手）の育て方」を参考とさせていただいた面もあった。

校長任用前研修　～印象に残る「模擬交渉」～

前述したように、私は前任校で校長選考に合格していたため、この学校で2年間の任用前の研修を受けることになっていた。月1回程度、教職員研修センターが主催する研修を受講し、任用審査のための論文と面接を受け、それが「適格」となると校長昇任の〝切符〟を手にすることとなる。ただし、その年度の退職状況によっては、2年を待たずに、昇任となるケースもある。また任用審査で「不適格」となり、昇任が1、2年遅れた仲間もいる。

さて、研修の中で特に印象に残っているのは、職員団体いわゆる組合との団体交渉を想定してのロールプレイである。すなわち、職員団体の幹部役になる者と、当局としての校長役、そしてそれらの取り巻きのいる中で、「模擬交渉」を行うというものである。時に、熱を帯びて、〝本当の交渉〟というか〝本当の喧嘩〟が始まってしまうケースもあった。研修でエキサイトするなんてことは、これまでなかったため、特に印象に残っている。

管理職としての危機管理　～学校泊まり込みで臨戦態勢～

台風や大雪が近づくと、万一のことを考えて、私は学校に泊まり込むことにしていた。

理由は、交通機関がストップして職場に辿り着けなかったら、学校の機能がマヒしてしまうからだ。そして、こうした場合に、陣頭指揮を執るのは校長ではなく、副校長の務めと考えていたからだ。副校長というものは、いついかなる時も、常に〝前線〟にいなければならない存在なのである。ちなみに、寝る所は、保健室のベッドと決めていた。

また、例年11月は都労連〈注1〉のストが予定されていた。私は副校長として、いつストライキが決行されようとも、万全の態勢を敷いて当日を迎えられるようにしていた。まずは、職員団体の加入状況から非組の教員を割り出し、生徒の出欠管理や自習の指示を誰にお願いするかを一覧表にして作成。万一のために補助要員を誰に指示するか、ストに参加した者のチェックはどうするかなど、綿密にシミュレーションしていた。「ストよ！　かかってくるなら、どこからでも来い!!」という心づもりで臨戦態勢をとっていた。まさに「備えあれば憂いなし」である。

〈注1〉「都労連」 東京都労働組合連合会の略称。1946年結成の労働組合。都庁内に所在し、都内の主要労働組合の一つである。組織構成として、東京都庁職員で組織する都庁職員労働組合、小中学校の教員・事務職員で組織する都教職員組合（都教組）、高等学校教職員で組織する都高等学校教職員組合（都高教）などが含まれる。（出典：『ウィキペディア』より「東京都労働組合連合会」https://ja.wikipedia.org/wiki/2020年5月17日〈日〉17：05　一部参照）

第7章 7校目 西部地区の専門高校

平成21年４月、任用審査もパスし、晴れて校長に昇任することとなった。校長になって最初に感じたのは、校長会というものが、〝加齢臭の集団〟であるということだった。月１回招集される校長連絡会で、一堂に会した際に漂う独特な〝校長会の臭い〟。今となっては、同化して違和感がなくなってしまったが……。以来、校長として、３校９年間、異なるタイプの学校を経験することとなった。

さて、７校目となる学校は、西部地区の専門高校であった。ここでは、創立70周年記念と全日制閉課程のダブル式典の対応が待ち構えていた。そして、東日本大震災もこの学校で経験することとなった。

いよいよ校長に(1) ～モーニングコートと印鑑～

校長になるにあたって、モーニングコートなるものを生まれて初めて購入した。入学式、卒業式等の式典用のためである。また印鑑も何本も用意した。公費会計用、私費会計用、指導要録用、一般事務決済用などである。また他校への異動ともなるとその都度必要となってくる。印鑑は縁起物でもあるので、その筋の確かなものをと思い、山梨県の有名な某印鑑製造販売所で購入することにした。いつもは出不精の妻も、なぜかその時は山梨まで付いて来てくれた。またモーニングを購入する時も一緒に付いて来てくれ、色々とアドバイスをくれた。今になってみると、あの時、妻はどんな気持ちでいたのかと思いを馳せるこの頃である。ちなみに、モーニング姿を写真館で撮ろうと言い出したのも他ならぬ妻であった。

蛇足ではあるが、購入したモーニングは、礼服としてそれなりの値の張ったものであったが、校長職9年間で全日制、定時制の併置校を経験したため、入学式、卒業式をはじめ、開校記念式典、閉課程記念式典なども含めると40回ほど着用する機会があり、十分に元は取れたと思う。

いよいよ校長に⑵　～２つの学校を兼務した校長?!～

さて、校長職としての最初の配属は専門高校、それも工業高校であった。工業高校は、専門性やこれまでの経験とは全く関係がなかったので、最初は「えっ?!」と思ったが、自分は教科指導ではなく、学校経営に臨むのだからと、自身に言い聞かせて納得させた。前任者が病気により1年で退任されることとなったことから急きょ生じた人事？で、後任の専門性や経験などを配慮する余裕もなかったものと推察する。

ところで、当該校は全日制と定時制を併せ持ついわゆる全定併置校であったため、いわば２つの学校を兼務した校長という見方もできる。わずかばかりの〝定通手当〟（正式には「定時制通信制手当」という）というものが支給されたが、一回飲みに行けば消えてしまうほどの額だった。にもかかわらず、全定併置校の校長は、職員会議・企画調整会議・成績会議等をはじめとする各種会議、始業式・終業式・入学式・卒業式などの式典等、すべての対応が、全日制単独校と比べると2倍の仕事量としてのしかかってくる。要するに、手当がその仕事量やその職責に釣り合わない状況にあった。先ほど一回の飲み代といったが、換言すれば、１か月のコーヒー代か、煙草代にしかならない程度である。都教委は、定時制兼務の校長職をこの程度にしか考えていないのか、と文句の一つも言いたくなる。特に定時制課程には、様々な課題を抱えた生徒も在籍している。そうした子供たちが通う学校は、自ずと日々リスクを負うこととなる。そして時として、彼らは警察や新聞沙汰になるような事件をいとも簡単に引き起こす。そして、その責任はすべて当該校の校長に降りかかってくる。首がいくつあっても足りない。しかし、こうした声は、なぜか表に出てこない。現役を去った今だからこそ、後輩校長たちのためにも、声を大にして言っておかねばならない。せめてその職責に見合う手当を望む。

いよいよ校長に⑶ ～校長として真っ先にやるべきことは～

さて、校長として学校に赴任して、真っ先に着手しなければならないのが、「学校経営計画」の策定である。学校経営計画とは、すべての都立高校の校長が毎年度策定するもので、目指す学校像を明らかにし、教育活動の目標、具体的方策及び数値目標などを示した教育活動の全体計画のことである。教職員は、この経営計画に基づいて、その年度の自らの教育活動の計画を立てる（「自己申告書」〈注1〉の記入、提出）。つまり、校長が経営計画を教職員に提示しない限り、学校そのものが動き出さない仕組みになっていた。私は計画の作成に当たり、過去5か年間の計画を分析し、前任者の取り組みを踏まえながらも、自分自身の〝校長カラー〟を打ち出せるように工夫を凝らした。

〈注1〉「自己申告書」東京都教育委員会の人事考課制度では、年度当初に校長が示した学校経営計画に基づいて、各教員が当該年度の学校運営、学習指導、生活・進路指導、特別活動、能力開発等の各分野における各自の教育活動の計画を立て、それを「自己申告書」に記入し校長に提出することになっていた。

記念式典と閉課程式典　～式典のダブルヘッダー～

当該校は、着任した年の年度末に二つの大きな式典を抱えていた。一つは創立70周年の記念式典で、もう一つは全日制の閉課程式典であった。当該校は、これまで工業高校として、地元産業界を中心に有為な人材を輩出してきた伝統校であったが、都の「都立高校改革推進計画」〈注2〉の一環で、工業高校に変えて進学型の専門高校をつくる計画が策定され、その母体校として指定されていた。そして、定時制は残しつつも、全日制は閉課程とし、その後に新しい学校をつくるというものだった。こうした計画は、私が着任する前に決定していたことであり、私はいわばその実施責任者として、着任したようなものであった。

ここで、もう少し、この式典について整理をしておく。まず式典の実施時期だが、年度末の3月とした。そして諸事情を鑑み、記念式典と閉課程式典とを同一日にやってしまおうと計画した。限られた日程の中で、当日の午前に「全日制最後の卒業式」〈注3〉を挙行し、小休止を挟んで、午後から「創立70周年記念式典」と「全日制閉課程式典」とを同時に挙行し、夕刻には同窓会とＰＴＡ共催の「記念する会」〈注４〉を開催するというとてもハードなものであった。今思うと着任早々の新補の校長が、都議会議員や教育庁幹部、同窓会の重鎮等の対応を上手く？こなし、いくつものセレモニーを首尾よくやってのけたなあと我ながら感心する。

〈注２〉「都立高校改革推進計画」 この計画は、都立高校が抱える課題を解決するとともに、都民の高校教育に対する期待に応え、都民に信頼される魅力ある都立高校の実現を目指して、改革を進める都立高校改革の総合計画である。平成９年度から18年度までの10年間を計画期間とし、規模と配置の適正化については、平成23年度までを視野に、平成９年度から18年度までに着手するとしていた。

その計画の中に、「専門高校における進学教育の充実」の項があり、「大学への進学を希望する生徒に対して、その道を広く開くため、……（中略）……、大学進学に対応した専門高校を設置する」とある。（出典：『東京都教育委員会ホームページ』より「都立高校改革に関する計画」一部参照）

〈注３〉「全日制最後の卒業式」 数年前から生徒募集を停止していたため、全日制の在籍生徒は３年生のみとなっていた。

〈注４〉「記念する会」 いわゆる祝賀会のようなものだったが、閉課程式典の関係もあり、このような呼称になった。

民間人校長と同居?! ～微妙な距離感とパワーバランス～

この学校には、同じ敷地内に校長が二人いた。一人は当該校の校長の私である。もう一人は、開設準備（工業高校全日制を閉課程した後に開校する新しい専門学科の高校）の校長であった。開設準備校長は、某有名企業出身の民間人校長〈注5〉で、学校が立ち上がるまで、数名のスタッフとともに、同敷地内の一室を間借りして開設準備に携わっていた。当然、同居人同士、開校準備に向けて互いに連携・協力していく必要があり、定期的に連絡会を設けて打合せを行っていた。

しかし、施設の共有、予算の件など、表向き意思疎通を図っているようで、現実はなかなか上手くいっていなかった。既存校の校長と開設準備の校長で、どちらに決定権、権限があるのか？　通常のケースでみてみると、例えば、全定併置校の場合、全日制、定時制の副校長同士が施設の共有でもめた場合、最終的には校長が差配をすれば収まるものである。しかし、校長が二人存在するこのようなケースでは、なかなかそうはいかない。当時の流行りであった民間企業からの落下傘校長と現場の叩き上げ校長とでは、当然、〝思考回路〟が違っていた。同じ敷地内にあっても、微妙な距離感が存在し、目に見えないパワーバランスが働いていた不思議な職場だった。

〈注5〉「民間人校長」 2000（平成12）年に学校教育法施行規則が改正され、教員免許状を所有しなくても校長につく仕組みが整った。都教委はこのことを受け、民間企業の組織運営能力や経験を都立学校において活用するため、同年公募方式による募集を行い、民間人校長の活用を始めた。都立高校のマネジメントシステムの定着や校長のリーダーシップの発揮の面で期待が寄せられていた。（出典：「民間人校長」に関わる複数のインターネット掲載記述を部分参照）

全都的にも稀有な定時制単独校長 〜式典をやり遂げ、異動と思いきや〜

さて、先に述べた如く、記念式典、閉課程式典を無事に終え、私の〝幕引き将軍〟としての大仕事は終わった。定時制課程は引き続き残るものの、全日制課程は閉課程となったので、次年度はお役御免で異動かと考えていた。しかし、結果は残留であった。つまり、私の肩書は定時制の単独校長ということとなった。これは全都的にも大変稀な人事であった〈注6〉。こうした人事の背景には、民間人校長が、課題の多い定時制を兼務することを忌避し、人事部への懇願があったからだと聞いている。

その年の6月に、人事部の管理主事〈注7〉の訪問があった。管理主事訪問とは、学校現場を人事面から視察し、次年度以降の管理職も含めた教職員の異動に反映させるための、いわば、〝現場の情報収集〟のことである。その際、私は来校した管理主事にこう尋ねた。

「全日制は閉課程となったのに、私はいつまでここに配置されるのか」。管理主事曰く「民間人校長が独り立ちできるまで」。私「ということは、あと数年間はここにいろということか」。管理主事「そういうことだ」……。私は心の中で呟いた。「冗談じゃない」。「民間人校長のためにそこまで……」。「私の残された校長人生はどうなるんだ」。

その訪問から、しばらくして、偶然にも校長会のＵ会長と会う機会を得た。私はそこで自分の置かれている状況を吐露した。そうしたら、具体的に文書で出してくれ、と言われたので、早速、手紙にしたためてＵ会長に提出した。そのことが、教育庁幹部にどの程度の影響を与えたのかは定かではない。しかし、次年度、私は異動と相なった。ちなみに、民間人校長は、定時制も兼務することとなった。

〈注６〉 都立高校で全日制課程と定時制課程を併置している高校の場合は、校長を一人配置し、全定の両課程を兼務させるのが一般的であった

〈注７〉 学校の教育内容や教育指導に関わることを担当する指導主事に対して、管理主事は、主に管理職をはじめとする教職員の人事異動、服務事故等の懲戒処分に関わる業務を担当する。

東日本大震災⑴　～震災から学んだこと～

平成23年３月11日、この日は、教育委員会に人事上の重要書類を提出する日であった。

所管の学校経営支援センター〈注8〉に書類を届け、学校に戻り、まさに校門をくぐろうとしたその瞬間、未だかつて経験したことのない大きな揺れを感じた。とっさに、その大きさからして「ついに、来るべき時が来たか」〈注：従前から巨大地震が首都圏を襲う確率が高いと専門家や関係機関から指摘されていたことによる〉と覚悟した。地震は、その後もしばらくの間、校舎建物を大きく、かつ激しく揺らし続けた。それは異様に長く、それがまた不気味さを一層駆り立てた。経営企画室〈注：学校事務室の後身〉の女性職員が、私の方に血相を変えて飛び出してきた。いつもなら冗談交じりの挨拶を交わすのに、その時ばかりは、互いに無言のままだった。これが世にいう「東日本大震災」の発生時の状況だった。

その後、生徒の安全確保、施設の損傷把握、教職員への指示、保護者、地域住民、都民等への様々な対応に追われる長い一日が始まった。メールで刻一刻と入ってくる本庁からの指示、それへの対応、この繰り返しが翌日まで続く。テレビから流れてくる情報は、断片的、局所的なものばかりで、全体像が全く見えてこない。何度も同じ画像が、ただ繰り返し映し出されるだけであった。

夜の10時を回った頃であろうか、ようやく一息つける時間ができた。自分の家族のことがふと気になって、電話をするが全くつながらない。午前0時を回っても、翌朝になっても全くつながらなかった。そんな中、学校は都民の緊急避難所として指定され、我が校もその対応に追われて、慌ただしく時が過ぎていった。結局のところ、翌日の夕刻、家路に就いて、ようやく家族の無事を確認できた。

今回の震災で学んだこと。それは、まず、正確な「情報」をどのようにして把握し、いち早く伝えるかということ。そして、如何に「冷静」でいられるかということである。情報が乏しくなると、今まで情報が満ち溢れていただけに、とても不安となる。不安であるが故に、じっとしていられなくなる。何かしないと不安でたまらない。動きたくなる。そして右往左往する。このような時、風評、デマが加わり、流言飛語が飛び交う中、群集心理が煽られ、よからぬ方向に働き、惨事が拡大、二次災害へとつながる。このような「負」の連鎖は、何としても回避しなくてはならない。そのためには、確かな「情報」、冷静で的確な「判断」、そしてリーダーの強い「指示」が必要となる。これが、今回の震災をとおして、私が身をもって学んだことであった。

〈注8〉「学校経営支援センター」 正しくは、東京都学校経営支援センター。都教育委員会は、平成18年度、都内に6ヶ所（3所3支所）の東京都学校経営支援センターを設置した。同支援センターは、都立学校に対し、校長がリーダーシップを発揮し、より自立的な学校経営を行えるよう本庁業務の一部を移行し、学校の身近な地域で、学校の実態に応じた機動的できめ細かな支援を行っていくことを目的として設置された。また、これまで都立学校で行っていた契約等の事務を集中処理することにより、学校の事務量を軽減し、経営企画室（事務室を名称変更）の経営面の機能強化を図る狙いもあった。（出典：『東京都教育委員会ホームページ』より「学校経営支援センター」一部参照）

東日本大震災(2) ～暗がりの中の一本の電話～

震災の影響がもろに定時制教育を直撃した。それは電力不足を補うため、「計画停電」〈注9〉が実施されたためだ。当然、夜間の定時制課程は、灯りが頼り。灯りがなければ、授業もできない、そして給食にも対応できない。東京電力の停電計画とにらめっこしながら、今週はこの時間帯までは教育活動ができる、この日は2時間授業で生徒を帰すしかないとか、毎日がそうしたことの繰り返しの連続であった。当然、懐中電灯とハンドマイクは必須アイテムであった。

そんなある日、暗がりの中で一本の電話がかかってきた。電話の相手は、本庁の人事部からであった。「次年度、X高校の校長をお願いしたい。ついては、この件で（人事）部長に会ってもらいたい」とのことであった。こうした形での〝内示？〟は、異例のことで、私自身大変びっくりした。指示された日に本庁に出向くと、人事部長から「X高校を進学校として立て直して欲しい。よろしく頼む」といわれた。私如きに、部長の期待の入れようには大変恐縮した。かくして、例の管理主事の発言とは裏腹に、次年度異動することとなった。

〈注9〉「計画停電」 電力需要が供給力を大幅に上回ることが予測される場合、大規模停電を回避するため、電力会社が予め日時・地域などを定めて電力供給を一時的に停止すること。平成23年の東日本大震災の際には、東京電力の電力供給能力が大幅に低下したため、1都8県で計画停電が実施された。（出典：『デジタル大辞泉』より「計画停電」一部参照）

第8章

8校目 東部地区の普通科高校

8校目はそのX高校である。平成23年4月1日、教育委員会からの辞令を受け、そして人事部長からの過度な期待を一身に背負い、いうなれば〝改革の旗手?!〟として現場入りした。当該校は普通科中堅の伝統校で、私はその第19代校長に就任した。ここで繰り広げられた3年間を振り返るに、「学校改革」「都議会議員」「校舎改築」「入選事故」、この4つのキーワードが脳裏をよぎる。

学校改革に挑む(1) 〜進学指導推進校と重点支援校のダブル指定〜

当該校はすでに教育委員会から「進学指導推進校」の指定を受けていて、進学校としての〝結果〟を出すべく取り組みの最中にあった。そんな中、着任早々に、東部地区の学校を管轄する東部学校経営支援センターから呼び出しがあった。要件は、「重点支援校」の指定の打診というか、半ば強制力を持った要請であった。声掛けは、私のところ以外にもう1校あり、同席していたその校長は二つ返事で受け入れをOKした。私は即答せずに「考えさせて欲しい」といって退席した。

即答を躊躇した背景には、すでに進学指導推進校の指定を受けていたこと、また重点支援校は過去に中部地区の高校で経験済みで、実質的な教育活動や経営の取り組みよりも、本筋から外れた、「計画書」「進捗状況報告書」「最終報告書」「成果発表」などの書類作成、都教委視察、報告会の対応等、中身よりも〝形を整える〟ことに膨大なエネルギーを費やされることを承知していたからだ。したがって、指定校は一つで十分。その指定、すなわち進学指導推進校を拠り所として、学校改革を進める覚悟を決めていたからに他ならなかった。

しかし、都教委はそうした〝我がまま〟を許さなかった。数日後、本庁の大物幹部に呼び出され、〝酒席の接待?〟を受けた。そして暗に重点支援校を受け入れてもらいたい旨の要請が遠まわしにあった。これ以上意地を張るのもどうかと思い、また自分がその大物幹部の要請を断れるだけの器にないことも自覚し、その翌日、その幹部にメールで受諾の意を伝えた。実は、このことは、先に触れた〝暗がりの中の一本の電話〟にまで遡ることだった。あの時、人事部長から「X高校をよろしく」といわれた際に、重点支援校のことも部長は触れた〝つもり?!〟であったようであるが、私は重点の〝じ〟の字も聞いていなかった。本庁幹部は、あの時の異動内示の際に部長自ら言ったのに、今さらその話を反故にするような後ろ向きの姿勢を訝しく思ったようである。

そもそも重点支援校とは、教育委員会が学校改革をやろうとする学校に対し、条件を提示して公募するもので、各学校はその制度を活用し、人的・物的支援を都教委から受けたいと思ったら、自らが手を挙げて申請するものである。そして審査の上、認められれば指定校として決定するという流れであった。

しかし、今回の重点支援校の指定は、公募する前から、すでに指定校の候補が決まっていたようなものである。これはまさに〝出来レース?!〟であった。兎にも角にも、都教委的には、〝形を整える必要?〟があるので、まずは、申請書を作成する。その書類作りに随分とエネルギーを使った。何度も所長に呼ばれ〝直し〟が入った。ある時は、妻との記念日で夕食を共にしようとお店に入ろうとした時、携帯電話が鳴って呼び出されたこともあった。そうしたことも含め、本庁に何度か足を運び、〝形式上の審査?〟を受け、晴れて指定となった。指定となると、今度は指定の〝儀式〟があり、その儀式には、本庁幹部、管轄の支援センターの幹部等、合わせて十数名が本校にやってきて指定の証書が渡されるのだった。

指定の経緯は以上であるが、まずは手始めとして、校内向けに、教職員にこのことを伝え、協力を求めなければならなかった。しかし、〝出来レース〟であることは口が裂けても言えない。そこで、まずは自らが改革の必要性を唱え、重点支援校の指定の申請に手を挙げることを表明した。教職員の多くが、「すでに進学指導推進校の指定で取り組んでいるのに、何も更なる指定を受ける必要があるのか」「指定を受けることは、我々の仕事を更に増やすことになる」と言って猛反発した。

先生方はよくわかっていた。まさにその通り。指定を受けて、〝楽〟などできるはずはなかった。指定を受ければ、その指定事業を達成するための数値目標が掲げられ、通常業務とは別に新たな業務が加わり、その目標の実現に向けて取り組んでいかなければならない。そして、その指定は、ただやればよいというものではなく、緻密な計画書を作成し、「形」を整え、進捗状況を定期的に報告し、学識経験者による分析・評価を受け、そして最終的には、その「結果」、すなわち「成果」が求められることを、皆よくわかっていた。だから、猛反発となった。ただ、ここで校長自らの本心を明かすわけにもいかず、先生方を〝騙し〟通さなければならないのが辛かった。

学校改革に挑む⑵　～改革の本丸ＰＴの立ち上げ～

さて、まずは、改革の推進機関として「プロジェクト委員会」〈**注：**巻末資料「資料３　プロジェクト委員会設置要綱」参照〉なるものを立上げた。名の由来は、ＮＨＫの『プロジェクトＸ』〈**注１**〉というドキュメンタリー番組からきている。私がその番組の熱烈なファンであったからに他ならないが、番組の中に貫かれている「不可能を可能にする」「ピンチがチャンス」「どん底から這い上がる」といったテーマが、これから改革に挑もうとする自身の心境と重なるものがあったからだ。

ちなみに、私はこの番組のテーマ曲をスマートフォンに取り入れ、出勤時は『地上の星』、退勤時は『ヘッドライト・テールライト』を聴いて自らを鼓舞していた。あたかも自らを〝改革の戦士〟として投影させていたのだった。私は正直、マジでこの番組にあやかって、学校の大改革を成し遂げたいと本気で思っていた。

余談ではあるが、当該校の学校説明会の時、校長挨拶で舞台に登壇する際、テーマソング『地上の星』を流してくれと言ったら、「それだけは勘弁してくれ」と、広報担当に懇願された。私は本気だったが……。今思うと、自分に酔っていたのかもしれない。

さて、本題に戻す。その委員会のメンバーは、「設置要綱」〈**注：**前出「巻末資料　資料３」参照〉には「校長、副校長、経営企画室長、校長が選任する主幹教諭若しくは主任教諭若しくは教諭で構成する」とある。いわば校長お抱えの〝私的諮問機関〟のようなものであり、重点支援校事業を推進する中核となる機関であった。

しかし、教職員からは委員会そのものに対して、懐疑的な雰囲気が広がっていた。加えて、発足に当たっては、一人の教員〈注2〉を除き、立候補はおろか、委員の引き受け手すらおらず、早くも暗雲が立ち込めていた。その背景には、委員を引き受けることによる〝周りの目〟が気になっていたようであった。ようやく委員会が発足したものの、委員の中には、やらされている感が強い者もいて、〝改革の本丸〟、危うしの状態がしばらく続いた。

〈注1〉「プロジェクトX」 正式名は、『プロジェクトX〜挑戦者たち〜』。NHK総合テレビで2000年3月から2005年12月まで放映されたドキュメンタリー番組で、通称『プロジェクトX』という。番組内容は、主に戦後から高度経済成長期までの様々な分野において、困難をどのように克服し成功に導いていったかを紹介するドキュメントである。登場人物の多くは無名の挑戦者とそれを支えた仲間たちであるが、時に本田宗一郎や毛利衛などの著名人を扱うこともあった。放送は、毎週火曜日午後9時過ぎから放送され、主題歌は、中島みゆきの『地上の星』、エンディングは、同じく中島の『ヘッドライト・テールライト』であった。（出典：『ウィキペディア』より「プロジェクトX〜挑戦者たち〜」https://ja.wikipedia.org/wiki/2020年5月17日〈日〉17：30　一部参照）

〈注2〉「一人の教員」 改革を推進していく上で、唯一頼りになるベテラン教員がいた。彼は当該校の経験が長く、校内事情にも精通しており、着任早々の私に良きアドバイスをしてくれた。そして何よりも改革の企画会議において、校長である私の意をものの見事に代弁し、「我が意を得たり」と感嘆せしめたほどの人物であった。彼はその後も一連の改革を進めていく中で私の心の支えとなっていった。

学校改革に挑む⑶　～特別進学クラスの設置～

改革の目玉は、何といっても「特別進学クラス（通称：特進クラス）」の設置である。進学実績の向上を狙うために、そして改革の牽引役として、特進クラスの編成を企図した。このようなクラスは、私立学校には、しばしば見受けられるものの、公立学校には珍しく、事例が少なかった。編成基準は、本人の学力と本人及び保護者の意向をもとに2クラス編成とした。

当時の「特進クラス設置要綱」〈**注：**巻末資料「資料４　特進クラス設置要綱」参照〉には、設置目的として、「国公立大学や難関私立大学への現役合格者を目指すことを目標に、１年生の早い段階から本格的な進学指導を展開するために、平成25年度入学生から特進クラス（特別進学クラス）を設置する。なお、特進クラス以外のクラスは一般クラスと呼ぶ。」とし、一般クラスとの差別化を狙い、講習会や模擬試験や勉強合宿への積極的参加を義務付けた。

学校改革に挑む⑷　～学校経営診断と進学指導診断～

当該校では、重点支援校に指定された関係で「都教委による学校経営診断」を、そして、進学指導推進校に指定されている関係で「予備校による進学指導診断」を、それぞれ受けることになった。

まずは、学校経営診断について。本診断は、都教委及びその所管の学校経営支援センターが中心となり、また診断の専門性と客観性を担保する意味で、外部専門委員として大学教授やその他教育関係機関等の有識者といわれる方々に委嘱し、当該校の重点支援校事業を中心とした学校経営の状況を検証・診断するものである。

診断にあたっては、校長、副校長、経営企画室長及び主幹教諭や主任教諭等の分掌主任などへのヒアリング、全教員を対象とした授業観察、そして部活動見学など教育活動全般にわたって行われ、朝9時ごろから始まって夕刻まで、ほぼ丸一日がかりの時間を要するものであった。なお、その診断結果は、報告書（冊子）としてまとめられ、全都に公表された。

次は、報告書に掲載された校長所見の抜粋である。参考までに記しておく。「平成23年7月から26年3月までの2年8ヶ月間、重点支援校として、教育委員会から様々な支援を受け、『地域に誇れる進学校』をスローガンに学校改革を進めてきた。その間、平成24、

25年度の2回にわたる本診断を受け、成果と課題を検証し、ＰＤＣＡサイクルで学校改革を推進した。その結果、学校組織として、進学校に向けた前向きなベクトルが学校基盤として確立した。しかし、学校課題のすべてが払拭されたわけではなかった。今回の診断を受けて、校長として、この基盤の上に、立派な幹が根付くよう経営の舵取りをしっかり行い、学校の飛躍・発展に全力を注いでいく決意を新たにした。」

次に進学指導診断について。当該校では、都教委から進学指導推進校の指定を受けている関係で、某大手予備校より進学指導アドバイザーが派遣されることとなり、第１段階として、平成24年6月から管理職に対する「経営戦略診断」と、管理職及び進路指導主任に対する「進学指導体制診断」が行われた。そして、第２段階として、９月から英語、数学、国語、理科、地理歴史、公民の６教科の教員に対する「教科指導診断」が行われ、半年余りに及ぶ一連の進学指導診断が終了した。

本診断は、平成23年度第3学年が作成した「平成23（２０１１）年度卒業生学年総括」を中心に、予備校側が第三者の視点から分析し、実態把握を行う中で、本校の課題を指摘していただいた。その主な指摘事項は次の通りであった。

【予備校側の主な指摘事項】

①成績上位層の指導について。学力中下位層に比重を置いた指導が「主」で、成績上

位者に対する指導が「従」となっている。上位層に対する指導強化の必要性がある。

②生徒がやる気になる具体的指導について。苦手科目の克服にどれだけ学力を付けさせるかの考え方について、苦手なものはやりたくないのが心情であり、生徒には何とか達成できる最低基準を示すことが激励であり、有効である。

③教員の学校方針理解について。当該校では、今春の推薦入試・AO入試において、受験する生徒の割合が近年と比較して増えた。「推薦に頼らない一般入試での受験を目指す」という学校方針とは異なる結果となっている。教員の学校方針理解という点で課題がある。

④自宅学習時間について。当該校では、英単語テスト、古典小テスト、古典単語テスト、週末課題などを精力的に実施し、家庭学習時間の確保を目指している。しかし、学習の成果は、学習の質（教員の指導法、生徒の学習法）・意欲（生徒、保護者、教員）・学習量（学校＋自宅）の要素の組合せで決まる。自宅学習時間は三つの要素のうちの、学習量の一部に過ぎず、授業の充実も重要ではないか。

⑤進学指導の「目標」について。重点支援校の指定を受けており、平成24年度の学校経営計画の目標にも高い数値を掲げている。しかし、現実的には当該年度の状況により、実現不可能なケースもある。しかし、都民に公約した数値目標であるが故に、目標数値として掲げざるを得ない現状がある。そのような中で、学校の実情を踏ま

> えた数値目標として、「努力目標」と「必達目標」の二つの目標設定を教示させていただいた。必達目標の設定で、実現可能性・納得性がある目標となり、教員とも共有でき、達成に向けてベクトルを揃えることが可能となる。（注3）（傍線は著者による）

次に、教科指導診断について。診断に入る前に、診断方針について予備校側と打合せを行った。教科ごとに特定の教員に絞って授業観察・評価を行うのか、それともできるだけ多くの教員を対象に観察・評価を行うかを検討した。最終的には後者を対象に授業診断を実施した。その結果、診断が教科全体に行き渡ることとなり、教員個々の受験指導に係る意識の啓発につながり、教員の意識改革に少なからず効果があったものと考える。また、観察後に行われた診断結果の伝達において、授業者、予備校側及び管理職（校長・副校長）の三者が同じテーブルについて、評価、課題等を共有することができた。

今回の一連の事業が、授業者のみならず、「学校全体としての取り組み」として位置付けることができたことは経営上の成果といえる。その一方において、診断対象を教科全体に広げたため、診断がある意味、表面的かつ中身の薄いものにならざるを得なかった。教員にとって、今回の診断が一過性のものに終わらないよう指導していく必要がある。以上が診断の概要である。

〈注3〉傍線部の「努力目標」と「必達目標」の二つの目標設定については、後述の『学校経営計画』差替え事件〜これが都教委のやり方か?!〜」の項で触れる、〝差替え事件〟につながる核心となる部分である。

学校改革に挑む⑸　〜定時制改革に着手〜

私がこの学校に異動した際の、定時制課程着任式の記憶がいまだに鮮明に残っている。あれは平成23年4月、始業式に先立って、着任式が行われた時のことだった。式が始まってもぞろぞろと遅れて入ってくる生徒たち。そして、整列する所定の場所とは全く関係のない所に勝手にしゃがみ込んで、ぺちゃくちゃと話を始める。携帯電話をいじくる者もいれば、寝っ転がっている者もいる。加えて、彼らの多くが土足のままで、上履きに履き替えている者は数えるほどしかいない。私は前日より、新しい学校で開口一番何を話そうかと、練りに練った原稿を用意して臨んだのであったが、その必要は全くなくなってしまった。

校長の着任の挨拶が始まると、途中から抜け出していく生徒があちこちから出始める。私は校長としてではなく、一人の人間として、いたたまれなくなって、彼らに対し大声を張り上げて怒鳴った。しかし彼らは何食わぬ顔をして勝手に出て行く。そして、他の生徒は、そうした行為に対しても全く無関心で、私語に夢中になっている。それを止めたり、注意したりする教員もいない。一体全体、この学校はどうなっているのか。これでも学校か。これじゃ、まるで〝動物園〟じゃないか。そうした心の叫びが〝怒りのマグマ〟となって、それが口から爆発して、〝怒鳴り〟と化した。校長が怒鳴らなければならないような学校はもうおしまいだ。

これが着任時の定時制の姿であった。同じ学校でも、片や昼の全日制は進学指導推進校の指定を受け進学指導に邁進している。片や夜の定時制は全くの真逆で、きちんと人の話を聞くことすらできず、生活指導に相当手を入れていかなければならない状況にあった。重点支援校の話があった時、全日制ではなく、定時制の改革のために、教育委員会からのヒト・モノ・カネの支援を活用したいと真剣に考えた程である。しかし、都教委の思惑にはそのような発想は微塵もなく、一蹴された。

とはいうものの、全日制と定時制は同じ屋根の下で、施設を共有しながら教育活動を行っている。全日制改革を進める上でも、定時制のこの状況を放置しておくわけにはいかなかった。なぜなら、全日制の生徒が定時制の生徒から脅しを受ける、怖くて下校時が不安、全日制の生徒ロッカーが荒らされ物が盗まれる、などが頻繁に発生していたからだ。全日制改革を実りあるものにするためには、そのための環境づくり（定時制改革）は避けては通れない道であった。

こうした状況を踏まえ、全日制における重点支援校、進学指導推進校等の都教委指定による改革とは別に、学校独自の視点から〝定時制改革〟に着手した。

まず第一に取り組んだのが、授業規律の徹底であった。具体的には、①始業・終業時の起立・礼の励行、②携帯電話、ゲーム機等の使用禁止、③私語の厳禁、④土足入室の厳禁の4項目の徹底である。これらはいずれも当たり前のことばかりである。それを敢えて、大上段に構えて掲げなければならないほど、差し迫った状況が定時制にはあった。私は校長として、年度当初の企画調整会議や職員会議を通して、学校の方針を全教員に伝え、全校態勢で授業規律の徹底に臨んだ。授業の始業と終業の起立・礼は、全教員が必ず行う。携帯電話の使用やゲーム機については、見過ごすことのないよう、発見したら直ちに注意をする。すぐに改善されなくとも、必ず注意する指導を行い続ける。絶対に諦めないで指導し続ける、ということを励行させた。まさに〝生徒との根比べ〟。こうした取り組みの中で、教室への土足入室をはじめ、様々な課題が徐々に改善され、授業規律が徹底されるようになっていった。そして、着任時の状況からすると隔世の感があるところまでになった。

第二は、生活指導である。生活指導の強化・徹底を図り、暴力・窃盗・喫煙などの特別指導件数を減らすことに全力を注いだ。当該年度の特別指導件数は、前年度の25件から一桁の6件にまで大きく減らすことができた。こうした先生方の粘り強い取り組みによって、少しずつ落ち着いた学校へと変わっていった。

第三は、生徒に寄り添い、心のケアの充実を図ることであった。そのために、個人面談を生徒全員、年３回以上必ず行い、きめ細かな個別指導を徹底することを掲げた。各学期の初めには面談週間を設定し、生徒全員との二者面談を学校全体で取り組むこととした。これまでは、面談に応じようとしない生徒も多数いたが、時間の長短はあるものの全員と面談を必ず実施する態勢が整っていった。

第四に、校内美化を掲げ、年間を通して教室の清掃を定期的に行うこととした。従来、定時制では、夜間課程であることを理由に、全日制のように教室などの清掃活動をやらせてこない慣習があった。しかし自分たちが使った教室ぐらい、自分たちで掃除をするのが〝当たり前〟という考えから、全校で清掃活動に取り組むこととした。きちんと清掃当番の班編成まで行い、定期的に清掃を行えたクラスと、担任と一部有志の生徒のみでかろうじてゴミ拾い程度の清掃をしたクラスの２つのタイプに分かれた。特に４年生は入学以来ずっと清掃をやってこなかった経緯もあり、「今さら?!」と、かなり苦戦したようであった。最初は色んなところから〝雑音〟が聞こえてきたが、そうしたことに惑わされず、「忍」の一字で、踏ん張って継続していくことによって、一歩ずつ、あるべき姿に近づけていった。

第五に、最後の総仕上げとして、生徒一人一人に本校の生徒であるという自覚を持たせ、帰属意識を高めさせるために、始業時の校歌一斉放送を実施し、また始業式等の儀式的行事では必ず校歌指導を行うようにした。定時制の始業5分前の午後5時25分に校歌を一斉放送し、また、始業式や終業式に際しては、教員も生徒も全員が校歌を斉唱した。こうして、生徒一人一人が学校という集団に所属しているという、いわゆる〝帰属意識〟というものが生まれていった。そして彼らには、「この学校の生徒である」という自覚が自然と芽生えていった。こうした取り組みは、何よりも、校歌を知らない、歌えない生徒が、校歌を知り、歌えるようになっていくことにつながった。また始業前の校歌放送は、全日制と定時制の教育活動の切り替えを全定の生徒に伝える意義ももった。

このような取り組みの中で、〝荒れた学校〟が〝落ち着いた学校〟へと大きく変貌していった。校歌の歌声が聞こえてくる学校に悪い生徒はいない。清掃が行き届いていると子供たちも落ち着いてくる。これが私の信条であった。

「学校経営計画」差替え事件　～これが都教委のやり方か?!～

都立学校の校長は、毎年、年度当初にその当該年度の教育計画、目標値も含めた計画を策定し、全教職員に示すとともに、学校ホームページに掲載して都民にも周知することとなっている。それが「学校経営計画」というものである。そしてそれは、それぞれの学校において、校長自らの責任において行うものであった。

しかし、重点支援校2年目の平成25年4月末、校長が出張で不在中に、突如、本庁から電話がかかってきて、ホームページに掲載されている経営計画を削除し、差替えるよう副校長に対して指示があった。副校長は、都教委の指示に従い、校長の許可を得ることなく、ホームページ上から勝手に削除した。こんなことがあっていいものか！　これが都教委のやり方か?!　私の怒りのマグマは爆発した。しばらくして、別件で、学校訪問にやってきた本庁のS担当課長に対して、私はその怒りをぶちまけた。本来ならば、副校長などではなく、校長に対して、直接、指示を出すべきものである。それが組織人として、また良識ある人間としてのやり方だ。なのに校長留守中に、断りもなく、このようなことをするとは、まさに〝クーデター〟のようなものである。また副校長も副校長だ。直接の上司である校長にその旨の連絡を取るべきである。ちなみに、当該副校長とは、教員系ではなく、元は教育委員会の行政系職員で、重点支援校の指定に伴い、改革事業をサポートする目的で学校現場に派遣されてきた人物であった。今思うに、このサポートとは、一体どこを向いてのサポートだったのか、大いに疑問が残るところである。

ところで、この一件は何が問題で、何が都教委の〝癇〟に障ったのか。直接は何も聞いていないが、推測するに、恐らくはこのようなことではなかったかと思う。

ポイントは、こうだ。経営計画の「数値目標」を「目標」と「必達基準」の二本立てに変更したことが〝都教委幹部の逆鱗〟に触れたのではないかと思われる。なぜなら「数値目標」は都民に対する〝公約〟のようなものだったからである。理由はどうであれ、その公約に勝手に手を付けたのは「けしからん」、ということなのか。しかしだ、そもそも経営計画とは、校長が自らの責任と付与された権限において、任された学校の経営をどのように進めていくのかを示すものである。そういう経営計画を校長に何の断りもなく、勝手に変えてしまうとは何事か、というのが私の考えである。

参考までに、次に、この件に関する問題となったであろう箇所の経営計画の一部抜粋を載せておくこととする。

※数値目標の設定について

本校は、平成23年度より東京都教育委員会から重点支援校の指定を受けている。このため各項目に掲げる数値目標については、指定時の取組計画に示した数値目標を学校経営計画にも反映させてきた。

しかし、時間の経過とともに、生徒の学力など学校状況が指定時と乖離してきている現状がある。また平成24年度に都教委を通して実施された進学指導診断においても、数値目標の設定のあり方について指摘を受けている。

こうしたことを踏まえ、平成25年度においては、指定時の目標値をそのまま「目標」として掲げ、目標達成に向け学校経営を進める一方、当該年度の生徒及び学校環境の現状を踏まえ、努力し超えなければならないレベルとしての指標を「必達基準」として示すこととした。

具体的には、

①学習時間の絶対量を確保し、平均2時間以上の学習について、1年から3年まで学校全体として、次の数値目標達成を目指す。

目標　25％以上　必達基準　18％以上（前年度実績17・1％）

②国公立大、早慶上智、ＧＭＡＲＣＨＲへの現役合格者について、次の数値目標達成を目指す。

目標：57名以上　〈内訳：国公立、早慶上智12名、ＧＭＡＲＣＨＲ45名以上〉

必達基準：24名以上　〈内訳：国公立、早慶上智８名、ＧＭＡＲＣＨＲ16名以上〉

（前年度実績：国公立大、早慶上智４名、ＧＭＡＲＣＨＲ５名、合計９名）

数値目標は都民に対する公約である。だから如何に現状との乖離が出てこようが、その公約という看板に手をかけてはならない。あくまでも「目標」は「必達基準」とイコールでなくてはならない、これが都教委の考えなのか。その目標が現状と乖離してきても、頑なにその数値目標を死守しなければならない、これが役所の考えだ。そしてその役所のスタンスに背いたため、都教委の〝ある担当者の逆鱗〟に触れたのだった。

しかしだ、そもそもの事の発端は、平成24年度に都教委が高額な予算を投じて、都教委が指定する予備校に依頼して行われた「進学指導診断」において、数値目標の設定のあり方についての指摘を受けたことによる。しかも、その指摘は、当該校のみならず、「診断結果報告書」として詳細なるレポートにまとめられ、都教委にも提出されているのである。そのことを受けて、〝改善〟を図った結果が〝この有り様〟である。一校長が、勝手な思い付きでこのような手立てを講じたのではない。平成24年6月から半年余りに及ぶ膨大な時間と多額な費用を投じた「診断」とは、一体何だったのであろうか。〈**注**：前述「学校改革に挑む(4)　～学校経営診断と進学指導診断～」の項参照〉。

最後にもう一度言う。「教育」は「経済」と同じく〝生き物〟だ。経済活動は様々な人々が関わり日々変化する。そしてその時々の状況に対応した経済的な措置〈**注**：政府や日本銀行がとる金融政策〉を講じる。同様に、教育活動も状況に応じた策を打っていかなければ、座して死を待つのみとなる。

都議会議員との関係　～都議会で何度も取り上げられる～

○○党の文教委員として、都の教育施策に関与し、本校に強い関心を示していた都議会議員がいた。その議員は、本校の入学式、卒業式には必ず出席され、都議会においても、頻繁に本校の実名を挙げて、都教委に対して学校支援の有り様を問い質していた。ある意味、見方によっては、〝本校の応援団〟のような方であったが、その度に、本庁幹部から「議員に何を告げ口しているんだ」とお叱りめいた問い合わせがしばしばあった。また校長連絡会などで他校の校長と会う度に、「都議の件では、苦労するでしょ」「大変だね」とお声掛けいただいたりもした。

しかし、当方は全く関与していないし、会っても一言二言、言葉を交わすのは、入学・卒業式の社交辞令のみである。私は当該校の校長として、議員との政治的な関わりは全くなく、議員を通して、都教委に働きかけようとしたことなど一度もなかった。しかし、傍から見ると、私が議員に陳情し、議員はそれを受けて選挙区の学校のために一肌脱いだかのような構図に映ったのだと思う。彼は、その後実施された都議会議員選挙で、ある事情から出馬を断念されたため、この問題は収束していった。

校舎改築問題　～同窓会・都議VS学校・大物政治家～

当該校は、校舎の老朽化が甚だしく、私が着任した当初から、ＰＴＡや同窓会をはじめ、本校関係者から、事あるごとに「校舎改築はまだか」と話題になっていた。そんな中、着任3年目の某日、都教委から連絡があり、校舎改築に係るアウトラインについての話し合いがもたれることとなった。本件も、いよいよもって現実味を帯びてきたのであった。

早速、校内に施設検討委員会を立ち上げ、来る校舎改築に向けて校内態勢を整えていった。改築に当たっての大方針として、校内の委員の多くは、現在の校舎の跡地に新グラウンドを、そしてグラウンドの跡地に新校舎をということで、校舎とグラウンドを反転させる案が大勢を占めていた。それは、工事期間中の教育活動を可能な限り維持し、工事と教育活動が並行して進められるようにとの効率性を追求したものであった。

しかし、その案が同窓会に漏れると、同窓会は同窓出身の都議会議員を押し立てて、反対表明をしてきた。そして、本庁幹部にも露骨に圧力をかける状況にもなってきた。なぜ彼らが反対したのか。それは、当時グラウンドは南側にあり、校舎は北側に建っていた。それを今回の工事で反転させるということは、グラウンドが北側になり、日当たりが悪く、また雪でも降ろうものなら、なかなか解けない状態となる。よって、体育関連施設の充実面からよろしくないというのが彼らの言い分であった(注4)。

ある時、本校出身の元国会議員で閣僚経験のある某大物政治家が、この問題を耳にされ「校長先生として、困ったことがあれば何でも相談してくれ」との助け船を出していただいたことがあった。反対派の同窓会が担いでいたのは、本校出身の若手都議会議員(当選1回)であったから、格からしてこの方に敵うわけがなかった。ある人の紹介で、暮れの

12月、都内某所の寿司屋で御仁との一席が設けられ、私は校長として、学校側の方針を率直に伝えた。その後、この問題は、学校側の方針通り、校舎・グラウンド反転計画で落ち着くこととなった。

〈注4〉 私が思うに、もう一つの理由があったと思う。それは同窓生にとって、かつて通いなれた校舎正門が真逆の裏手になり、かつての懐かしき面影が一変してしまうのではないかと懸念されたことによるものではなかったか、むしろその方が反対の大きな理由ではなかったか、そう思えてならない。ただ反対するには、そうした情緒的なことを表に出すわけにもいかず、体育施設面の充実を表向きの理由として反対してきたのではなかったかと推察する。そう考えると、同窓生の〝思い〟もわからなくはない。

入選事故　～謝って済むことではない、減給処分と文書訓告～

忘れもしない、平成25年2月23日。この日は都立高校の入学者選抜が行われた日である。この日にとんでもない事故が起きてしまった。概要は、その日の午後の最終試験科目「理科」の時間に、監督者が試験時間を誤って5分間長く実施してしまったという事故である。もう少し具体的にお話しする。試験は8会場で行われていたが、そのうちの1会場において、開始の5分前の予鈴のチャイムが鳴った時点で、本鈴と勘違いし試験を開始させ、途中で気が付くものの、そのままにして、定刻の終了時刻で試験を終了させたというものであった。すなわち、その会場だけ5分間長く試験が行われた状態になってしまったのである。

試験終了後、全職員を集合させ、その日の入選業務全般にわたって、事故や気になることがなかったかの最終確認を行ったが、当該監督者2名は、事の重大さに対して恐怖感が先行し、報告できない状況だった。私は管理職として、無事終了したものと判断して、当日の入選業務を終えた。その日は土曜日ということもあり、日曜日を挟んで、翌月曜日から採点業務が始まることになっていた。その採点日の月曜日の朝、当該監督者は、これ以上隠し通すことができないと判断し、朝8時25分、副校長に事の次第を報告した。すぐさま、副校長は血相を変えて、校長室に駆け込んできた。その後のことはあまりよく覚えていない。ただはっきりと言えることは、このことを家には持ち込まなかったということだ。だから妻は未だにこのことを全く知らない。今回に限らず、これまでにも様々なことがあったが、私が校長をやっていたことだけは知っていたが、それ以外は全く知らないまま今日まで来ている。

さて、話を元に戻す。記憶が曖昧なので、手元にある都教委への事故報告書などをひも解いて、断片的につなぎ合わせるとこんな様子であった。

まず都教委への報告と対応、そして、プレス発表、プレス発表後の報道各社との対応、受検生とその保護者への対応、本校生徒、保護者、ＰＴＡ、同窓会など関係者への対応、事故報告書の作成、処分発令、再発防止研修などである。

振り返ってみて、今、わずかながら記憶に残っていることがある。それは当該試験監督者が「申し訳ありません」「申し訳ありません」と校長室に何度も謝りに来たことである。私は、「謝って済むことではない」「私に謝られてもどうにもならない」「今、すべきことは、とにかく事実関係の解明と、都教委からの指示に対して迅速に対応することだ」「今日は帰りが遅くなる。何時になるかわからないがそのつもりでいてくれ」と言ったことを覚えている。はらわたが煮えくり返っていたけれど、どやしつけても何にもならない。本当にどうしようもないことをしでかしてくれた、そういう心境であった。

私は翌朝早く、入選の統括責任者である本庁幹部のところへ謝罪に出向くことを決めた。昨日、部下が私に謝りに来た時、「謝られても困る」と言ったが、それと同じことを私は行うしかなかったのだった。謝ったところで、都立高校全体の信用を傷つけてしまった、その信用失墜行為は消えるものではない。本庁幹部も恐らく「謝られても……」、と思っていたのではないか。しかし、あの時の私にはそうするしかなかった。

ちなみに、その幹部とは、私を当該校の校長にさせる際、「Ｘ高校を頼む」といった、まさにその人物であった。運命の皮肉とはこのことなり。このような形で会わなければならないとは、夢にも思っていなかった。何とも情けない思いで幹部の部屋を後にした日のことが思い出される。

しばらくして、最終的な処分発令が出され、当該試験監督者2名は「減給処分」、校長の私は監督責任を問われ「文書訓告」となった。そして次年度より1年間の再発防止研修に取り組むことが命じられた。また、私はこのことを以て、全く畑違いの専門高校に異動することとなった。加えて、「統括校長」から「校長」へと降格となった。まだ学校改革の道半ば、正直、無念の異動となった。人はこれを〝左方に遷す〟という。なお、繰り返しになるが、こうした一連のことを、妻は全く知る由もなく、定期異動で職場が変わった程度にしか思っていない。

第9章

9校目 東部地区の専門高校

平成26年4月、これが現役最後の人事異動となった。9校目の異動先は、東部地区の外れ、千葉県境に近い学校であった。校長会の親しいある校長は、この異動について「これって、左遷だよね」とズバリと言ってのけた。図星であるだけにグサッときた。

校長室の引き継ぎマナー　～立つ鳥跡を濁さず?!～

当該校は、創立10年にも満たない歴史の浅い学校だった。私はその第3代校長に就任した。前任者は某有名企業出身のいわゆる〝民間人校長〟であった。4月着任してみると、校長室は段ボール箱と書類で溢れかえっていた。部屋の壁には趣味で撮った草花の写真がべたべたと何十枚も張り付けてあった。そして大きなマスコット人形が2体転がっていた。デスクの引き出しを開ければ、文具類が山ほど、ホッチキスが4本、ボールペンが20本以上、付箋紙、マーカーペン、消しゴムなど全て使いかけのものが引き出しいっぱいに入っていた。私は1週間かけて、そのごみの山を整理した。そして、ようやく片付いたところで、雑巾がけをし、〝お浄めの塩〟〈**注：**校長昇任以来、服務事故や不祥事が起きる度に清める意味で常に塩を用意していた〉をまいて掃除を終えた。この日から4年間、ここを舞台に、最後の教員生活が繰り広げられることとなる。

ところで、前任者は、これまでこの学校で何をしてきたというのか。前任者の段ボールの山を片付けながら率直にそう思った。校長室の引き継ぎマナーすらできていない。「立つ鳥跡を濁さず」というじゃないか。後任者に対する最低限のマナーである。民間人校長は、一時はもてはやされていたが、私のような現場の叩き上げの教員系校長からしてみると、民間人の教育現場への登用には大きな疑問が残る。

経営企画室の改革　～ベテラン女性職員から猛反発～

私が着任早々、まず行ったのが経営企画室の改革であった。経営企画室とは、かつての「事務室」のことである。主たる業務は「学校事務」を執り行うことで、基本的な業務は今も昔も変わりはない。ただ、名称を変更したのは、学校経営の視点から単なる〝事務屋〟ではなく、学校経営に積極的に参画していくという視点が強調されたからである。

さて、当該校では、学校の窓口であるその経営企画室が、ブラインドを閉じて９割方外部から見えない状態にして業務を行っていた。そして一か所だけブラインドをあげて外部との受付窓口にしてあった。例えは悪いが、パチンコ屋の〝景品交換所〟みたいな小さな覗き窓のようなものがある状態であった。

どうしてこんな状態になっているのか、職員に聞いてみると、外から個人情報が覗き見されるのを防ぐためとのこと。ガラス張りの経営企画室、確かに丸見え状態ではあるが、例えば、他の民間企業、銀行の窓口、そして普通の役所の窓口は全て丸見えである。ブラインドを落として隠れるようにしてやっているところはまずない。私はそのブラインドをすべて開け放つように命じた。するとすぐさまベテラン女性職員からの猛反発があった。ここは正念場と、何としても、開けさせ続けた。この綱引きは数か月ほど続いて、ようやくあるべき姿に定着した。

成績会議　～納得しない生徒と保護者～

例年3月の半ばともなると、どこの学校でも成績会議が開かれ、1年間の成績の認定とそれに伴う生徒の進級に係る判定が下る。特に、成績不良で進級が不可能となった生徒に対しては、学校からその旨の連絡がいくことになっている。今後の進路についての大事な面談を保護者を交えて行うためである。

さて、その日の成績会議は午後3時頃終了した。夕刻頃から校長室の電話が鳴りっぱなしになり、苦情や問い合わせなど慌ただしく対応を迫られることとなった。その内容は、概ね次のようなものであった。①保護者からは、「成績会議の判定結果に納得がいかない。校長先生、何とかならないか」というもの。②都教委からは、「おたくの学校の保護者から苦情がきている。成績のつけ方について、詳しく報告するように」といったものや、またあるケースでは、保護者が区議会議員に相談し、都立高校の案件なので、当該区議は同じ会派の都議会議員へ案件を回し、都議会議員は事案が教育であることから都教委へその旨の苦情を伝え、それが学校に来るといったこともあった。③さらには、相談を受けたＰＴＡ会長が校長室にやって来て、「同じＰＴＡの役員仲間が、子供の成績のことで困っている。何とかならないか」と〝交渉〟を持ちかけてくることもあった。

そうした、様々なケースに一つずつ丁寧に対応していく中で、どうしても納得が得られない保護者もいて、生徒と保護者が、直接、校長室に来て直談判し、自分たちの思いを叶えようと食い下がってくることもあった。それでも自分たちの意が通じないとみるや、今度は、教科担当批判を展開し、我が子につけられた評価が適正でなく、不当であるといって怒鳴り始める始末。最後は、弁護士を雇い、成績判定を覆そうとしてくる。その家族は、４月になり新学期が始まっても納得せず、何度も長時間にわたる電話攻勢をかけてきた。

こうした成績に関わることについては、年度末に突如として学校側から伝えられるものではなく、１学期末、２学期末の成績が出た時点で、その都度、保護者に伝えられ、このままでは進級ができなくなる可能性があることも伝えてきている。しかし、いざ最終段階になって初めて、生徒本人も保護者もやっと目が覚めて、「何とかならないか」となるのであった。その時の保護者の子に対する思いというものは、尋常ではなく、我が子のためなら、黒でも白と言い張り、そして教育委員会、ＰＴＡ、議員、弁護士と頼れるものは何でも、ありとあらゆる手段を使って迫りくる凄まじいものであった。

指導主事の高慢な態度に怒り心頭

～国税庁の査察でもあるまいし～

ある日の夕刻、都教委の地区担当指導主事が何の前触れもなく乗り込んできた。〝国税庁の査察〟でもあるまいし。副校長に事前の連絡があったか尋ねると、「何も連絡を受けていない」と言う。一体どういうことか。いきなり来て校長に会わせろとは何事か。礼儀知らずのその〝小童（こわっぱ）役人〟に対し、「今は忙しい」と、すぐには校長室に通さず待たせた。

そして、敢えて時間を置いた上で面会した。まず、いきなりの訪問について、人として踏むべき手続きというものがあるのではないか、と叱責した。その上で、訪問理由を尋ねると、事情はこういうことであった。本校定時制の生徒の親が「いじめ」だとして、教育委員会に直接の訴えがあったので、その対応でやってきたとのことである。であるならば、学校訪問をする旨、事前に連絡をするのが当たり前だろう、いじめ云々以前の問題だ。

そして、怒りの冷めやらぬまま、その対応のためにテーブルについたが、その担当指導主事は、こともあろうに、今度は、本校定時制の対応を「ほったらかし」と言い放った。副校長に確認すると、十分すぎるほど懇切丁寧に対応してきているとのことだった。そこで、「ほったらかし」とはどういうことか、何を根拠にそのような発言をするのか、と問い質した。そして、あまりにも頭に来たので、その指導主事を〝ギッ〟と睨み続けた。その後、所轄の学校経営支援センターを通して、礼儀知らずの指導主事がいるので、その上司である課長にこのことを伝えて欲しいと電話を入れた。そうしたところ、本件の担当がベテランの主任指導主事に代わった。

近頃、教育委員会の指導主事と言われる者の中には、〝勘違い〟をしている輩がいる。それは学校現場を離れ、西新宿29階の本庁勤務〈**注：**当時、教育庁指導部の職場は、西新宿の東京都庁第二庁舎の29階を占有し、かつては〝不夜城〟といわれ、夜遅くまで学校現場の最前線で指導・監督を行っていた〉となり、自らが偉くなったかのような錯覚に陥っているのではないか。それは、あたかも城主が天守から民の暮らしぶりを眺めるが如くの上から目線である。

ところで、いじめ事件の真相は、最終的には、いじめではなく、いじめを偽装し、あたかもいじめがあったかの如く保護者が騒いだ問題であった。それに乗っかったのは他でもない都教委であった。最終的には警察も入れることによって、学校側には全く非がないことが証明された。教育委員会というところは、保護者や「都民の声」〈**注：**『都民の声』と都教委」の項で後述〉に異常なまでに過剰反応し、学校を信ずることなく、保護者側について対応を迫る。しかも今回は、学校は何もしないで「ほったらかし」だと言い放った。もっと現場を信用しろ、そして現場をよく見ろと言いたい。併せて指導主事の発言というものは、〝教育委員会の公式見解〟と解されるわけで、一指導主事の思い付き？での軽々なる発言は厳に慎むべきである。

ついでながら、都教委は、口を開ければ、「学校を支援」「先生方を守るため」とよく言うが、本当にそうなのだろうか。現場を管理、監督し、問題が少しでもあれば、それを指導し、その責任を問い、処分する。それが〝彼らの仕事〟である。決して「守ってくれる」なんて信じてはだめだ(注1)。私は教員生活の後半で管理職となり、教育委員会と関わる機会が多くなる中で、肌身をもって感じたのが、こうした〝都教委不信〟であった。このことは私の教員人生にとって、実に残念かつ不幸なことであった。若き頃、教育委員会に畏敬の念を抱き、そこで働く指導主事というものに、一時とはいえ、憧れを抱いていたことを今さらながら後悔する。

最後に、そもそも「指導主事」たる職とは何なのか、そして、私が望み描いていた指導主事と現行の指導主事とが、どうしてこうも乖離しているのかについて、ご理解いただく必要があろうかと考え、ここにその参考となる資料を提示することとする。なお、この資料は、指導主事についての世にいう一般論ではなく、敢えて、都教委の報告書に示された〝指導主事の姿〟についての見解であることにご留意いただきたい。ただし、参考として提示させていただいた資料は、平成19年のものであり、資料的価値は懸念されるところではあるが、現状と大きな開きはないものと考え、紹介させていただくことにした。

【参考資料／「指導主事」】

１　そもそも指導主事とは

指導主事は、地方教育行政の組織及び運営に関する法律に基づき、都道府県教育委員会及び区市町村教育委員会の事務局に置かれる職であり、その主な職務は、「教育委員会が所管する学校における教育課程、学習指導その他学校教育に関する専門的事項の指導に関する事務」とされている。

東京都の指導主事は、都教育委員会、区市町村教育委員会、都教職員研修センターなどに配置されている。また、都教育委員会では、都立学校の自律的な学校経営の支援に関する専門的事務を処理する職として、東京都学校経営支援センターに、指導主事と同様に主にＡ選考合格者から任用する「学校経営支援主事」を配置している。

指導主事は、都教育委員会や区市町村教育委員会において、教育施策の企画・立案、議会対応など、教育行政の中核としての職務を担うことになっている。特に、区市町村教育委員会では、学習指導や生徒指導に関する指導・助言、学校経営上の支援、研修会等の企画・実施など、所管する学校や教員との直接的な関わりの中で行う、専門職としての指導・助言が重要である。

以上のように、指導主事等の職務は配置先により非常に多岐にわたっているが、特に中核となる職務は、「教育施策の立案」「学校経営の支援」「学習指導・生活指導に対する指導・助言」であり、東京の教育行政を支える重要な職責を担うものである。

2 指導主事受難の時代 ～指導主事（A選考）選考の現状と課題～

(1) 合格倍率の低下

指導主事（A選考）の選考については、有資格者数の減少に加え、有資格者数に占める受験者数の割合である受験率が平成12年度の5・6％から平成19年度の1・3％と大幅に低下しており、受験者数は、平成12年度の833人から平成19年度には116人まで減少している。受験者数が低迷した結果、合格倍率も低下しており、平成12年度の合格者数107人、合格倍率7・8倍に対し、平成19年度は合格者数80人、合格倍率は1・5倍となっている。A選考の競争性が大きく低下してきており、優秀な管理職候補者を選考するための制度として危機的状況にある。

(2) 指導主事の力量に関する現状

① 指導主事に求められる資質・能力の一層の向上

学校を取り巻く課題の複雑化・多様化や若手教員の増加などを背景に、指導主事の職務は、さらに広範で高度なものとなっており、それに伴い、指導主事に求められる資質・能力はますます高まっている。

一方で、指導主事の指導・助言力については、必ずしも十分ではないなどと指摘される状況がある。期待される資質・能力が高まる中で、管理職等アンケートでは、指導主事自身の69％、学校管理職等の61％が、現在の指導主事が備えている資質・能力について、「十分ではない」（「備えているとはいえない」及び「著しく不足している」）と回答している。

② 必要な資質・能力が十分とはいえない理由

ア 選考において教科指導等の専門性が考慮されていない

学校現場では、指導主事に、教科等に関する指導・助言を期待する声が多く、指導主事には、教科指導等に関する専門的な識見が強く求められている。

一方で、現在の指導主事は、教育課程や学習指導などにおける専門的能力を選考において検証し、任用しているものではないため、校内研修の指導等、学校からのニーズに十分に応えられていないという指摘がある。

イ 学校現場での体験が不十分

A選考は、若手から候補者を任用し、5年間の管理職候補期間を通じて育成を図る仕組みであり、33歳以上44歳未満という年齢の若い層を受験対象としている。

一方、主幹選考の受験対象は36歳以上（平成18年度以前は38歳以上）であるため、A選考受験者の多くは主幹経験のない教諭であり、主要な主任などの経験が乏しく、組織的な学校運営を主体的に担った経験が不足している。

（出典：『東京都教育委員会公式ホームページ』より「これからの教育管理職・指導主

事の選考・育成制度について～教育管理職等の任用・育成のあり方検討委員会 第1次報告～ 平成19年12月 教育管理職等の任用・育成のあり方検討委員会」より抜粋（一部改作）

〈注1〉 このことについては、見解の分かれるところであり、両論ある。私のような否定的な受け止め方をする者がいる一方で、都教委の手厚い支援を受け、「助けられた」と感謝する校長もいる。よって、都教委の言う「学校支援、教員を守る」という姿勢も、あながち「嘘」とも言い切れない面もある。

このことは、つまるところ、「学校」や「教員」が、都教委にとって、支援に値するか否か、守るだけのメリットの有る無しで、決まってくることを意味するのではないか。例えば、問題発生時、その学校を支援しなければ都教委として被るダメージが大きいとなれば、どんなことをしてでも、あらゆる手立てを講じ全面的にバックアップし、当該校を守ろうとするであろう。しかし、その一方において、守るに値しないとなれば、都教委は見放すのである。いわばそうした〝ふるい〟にかけられるのである。要するに、守るものと見放すもの、支援する学校とそうはしない学校との二択が存在するのである。

極論ではあるが、都教委が守ろうとするのは、〝個〟ではなく〝組織〟である。すなわち、個々の「学校」や「教員」ではなく、〝都教委という組織〟である。つまりは、学校や教員のための「支援」ではなく、組織防衛、すなわち自分たちの組織を、もっというなら教育委員会を守り抜くための「支援」なのである。なぜなら、教育委員会そのものが、ダメージを被るとなれば、教育行政そのものの根幹が崩れてしまうからである。こうしたことは、何も学校現場に限ったことではない。官公庁、民間企業などどのような組織においても大なり小なり、同様なことが見られる。特に、警察などで不祥事が起こると露骨なまでに組織防衛の力学が働くのはご存じの通りであろう。

教科書補助教材問題　～カネで解決?!　都教委への不信感益々募る～

平成28年7月、都教委による「教科書発行者による教材無償提供が行われた高等学校に対する緊急調査」が行われ、本校が教科書発行者から教材を受け取っていた疑いがあるとの連絡を受けた。これを受けて、校内の関係者から事情聴取を行ったところ、当該教科書の担当は、当時新規採用2年目の教諭であったことが判明した。

そこで、当該教諭に対して聴き取りを行ったところ、①教科書発行会社（T社）から教材の学校宛て送付があったこと、②当初から使用する予定がないものが一方的に送付されてきたため、生徒には配布せず、また授業等でも活用しなかったこと、③教科書選定の際の見返り（勧誘）の認識はなかったこと、を確認した。その際、私は校長として、一方的に送付されてきたとはいえ、受領したこと自体、便宜供与としての疑念を持たれる。そのまま放置せず、送り返すべきであったことを指導した。その後、教育委員会の指示で、「事故報告書」を提出(注2)することとなった。

もう少し具体的に、教科書会社から送付されてきた時の状況を説明すると、こういうこととなる。平成26年5、6月頃、当該教諭は、教科書会社から送られてきた段ボール箱の荷物を受け取った。同社から以前、「弊社の教科書を使っている学校にこのような教材をサービスで送っている」という話があった後、学校に段ボールで送付されてきたが、当初から使用する予定はなかったため、生徒には配布せず、教科準備室にそのまま放置したのち、平成27年3月までの間（時期及び廃棄者は不明）に廃棄されたようであった。

当該校における採択教科書の状況は、当該年度は、T社の教科書を使用するものの、前年度はA社を、翌年度はB社を選定しており、教科書の選定の前後に、T社の担当者から何らかの関与や働きかけはなかったという。

以上のことを踏まえ、私は事故報告書の中で、校長所見として次のように述べている。「今回の事案は、教科書選定時における、業者からの意図的な教材の無償提供ではなく、また学校側から無償提供を求めたものでもない。またその教材の無償提供が行われた時期（教科書選定の当該年ではなく、その選定後の翌年6月頃）から判断して、教科書の選定に与えた影響が全くないことは明らかである。しかも半ば一方的に送付されてきたものである。とはいえ、その教材を受理し、使用しなかったとはいえ、一定期間学校に放置していたことは、東京都立学校職員服務規程及び東京都教育委員会『利害関係者との接触に関する指針』に抵触するものであり、誠に遺憾である。今回の事案は、当該教員が当時新規採用2年目ということもあり、教科書やそれに付随する補助教材に係る認識も浅く、無償供与の認識はなかった。ましてや、教科書採択の見返りの意図など全くない。当該教員をはじめ、当該教科である□□科が送付物をそのままにし、未使用のまま廃棄していることから当該教員のみならず、当時の□□科教員全体にも、業者からの送付物に対する認識の甘さがあったと考えられる。業者から一方的に送られたものを、送付物の内容を十分に確認もしないで放置し処分したことは、当該教員の非とするところではあるが、窓口であった当該教員のみの責を問うものでもなく、当時の□□科全体の問題ともいえる。また最終的には、組織全体を管理・監督する立場にある校長にもその責がある。校内において、これまで定期的に実施してきた汚職防止等の服務研修が生かされず誠に遺憾である。」

さて、事故の概要は以上であるが、私が問題にしたいのは、その後の都教委の対応の仕方である。私は、訓告でも、戒告でも懲戒処分を甘んじて受け、校長として、監督責任を取るつもりでいた。しかし、都教委は、何と「金で解決しろ」と言ってきたのだった〈**注：**実際には、そのような表現は使ってはいないが、結果的に都教委の指示内容はそういうものだった〉。教科書会社に対し、その廃棄処分してしまった補助教材を全部、販売金額に換算して、その全額を支払うこと。そして、その支払方法は問わない。当該教員が支払うもよし、教科で出し合って対応するもよし、また校長個人として支払ってもよい、とにかく〝返金〟しろとのことであった。ちなみに他校はどうしているのかと都教委に尋ねると、ある学校を紹介して、「A校の場合は、校長先生が全額支払った」とのことだった。

これに対し、私はこれまでにも何度か服務事故に係り、監督責任を問われ処分を受けてきたが、このような収め方は前代未聞で納得がいかないと言うと、都教委の担当者は、「金が払われないと、この件は幕引きできない」とのことであった。しばらく押し問答の揚げ句、私は次のように言った。「私個人として、全く以て納得がいかない、ということをはっきり申し上げておく。その上で、私は〝組織の人間〟だから、やむを得ず金を払うことにする。そうでもしなければ、都教委として引っ込みがつかんのでしょ。しかし、このやり方は絶対におかしい」と言って受話器を置いた。

後日、教科書会社を呼びつけて、金を渡そうとしたが、業者は金は受け取れないと頑なに拒んだ。「販売目的でなく、うちで置いておいても〝ゴミ〟になるようなものだったので、各学校さんに送らせてもらった」と。それでも私は、半ば強引に金を握らせて、帰ってもらった。教科書会社も会計処理に困るとのことであった。

こうしたことで、〝都教委の面子〟は保てたかもしれないが、〝俺のはらわた〟は煮えくり返ったままであった。このことを想起すると、時間がたった今でも、当時のことがリアルに甦り、強い嫌悪感を覚える。こんな処理の仕方は未だかつてない。まさに前代未聞。責任の所在がはっきりしない処分などあり得ない。問題であるというのであれば、責任を追及し、それが見せしめであったとしても、管理職と当該教員にその責を負わせるべきである。これだけ大げさに新聞各社をはじめ、マスコミにプレスし、大問題にしておきながら落としどころはこんな形で幕を引く。こうしたやり方は如何なものか。要は、教科書会社へ〝金さえ払えばよい〟ということで、その〝金の出どころ〟は問わないというのである。もし、教員が寄付を募ったらどういうことになるか、ＰＴＡが当該教員を支援するという形で協力を申し出たらどうなるか、そこまでいかないまでも、所属校の教員が金を出し合ったらどういうことになったであろうか。人事部は、服務事故として事故報告書まで上げさせておいて、これはないだろう。

ここにきて、都教委への不信感が益々募っていく自分がいた。仮に金を払わなかったら、一体どうなっていたのだろうか。後日談であるが、当該教諭は一銭も払わなかった。副校長は見かねて、奥さんの了解を得たと言って幾ばくか助けてくれた。

〈注２〉「『事故報告書』を提出」　事故報告書を提出するということは、当該事案を正式に事故として俎上に載せるということを意味する。すなわち、刑事事件などでいうところの「書類送検」や「立件」などに相当するような意味合いを持つ。なお、提出先は、人事部職員課の服務班で教員の懲戒処分を専門に担当する部署である。

「都民の声」と都教委 ～無理難題を言う都民と事なかれ主義の都教委～

東京都は、生活文化局に「都民の声総合窓口」を、また各局に「都民の声窓口」なるものを設置し、都民から寄せられる様々な提言、要望等に各局において対応し、所管事業の参考としている。

その中に学校現場に寄せられる声として、「教育・文化」の領域がある。平成29年度に寄せられた声の状況〈**注：**『東京都教育委員会公式ホームページ』「都民の声（教育・文化）について（平成29年度下半期）」〉をみると、「苦情」が70・4％、「要望」が13・5％、「提言」が2・1％、「意見」が14・0％で、ほとんどが匿名による「苦情」で、建設的な「意見」や「提言」が寄せられることは稀である。そして、声の主のその多くが、その学校に関わる保護者や地域住民で、感情的な不満のはけ口が、「都民の声」として半ば存在しているように思われる。

しかし、都教委は、そうした声を〝重要視〟し、当該校に対して、何はさておき、〝緊急対応〟でその声に応えるように督促してくる。会議中であったり、重要案件の対応中であったりしたとしても、〝緊急対応〟だとして電話口に校長が呼び出される。事と次第にもよるが、「都民の声」というだけで、このような対応を迫られては、現場はたまったものではない。

参考までに、自校に寄せられた具体例を紹介する。なお、すべて匿名である。自らを名乗って「意見」する方はほとんどいない。

１　校長は、ＰＴＡ会長人事に関与して、自分に都合の良い人物を会長としている。
２　校長は、式典に飾る花の予算支出について、公費でなくＰＴＡの私費会計から支出しようとしている。不適正な予算執行である。
３　校内の電気の消し忘れが毎日のように続いている、税金の無駄遣いである。
４　学校は「いじめ」を隠ぺいしている。
５　学校は「教員のパワハラ」を放置している。
６　担任批判（担任への様々な誹謗中傷）。
７　副校長批判。

これらの調査結果は次の通り。

１　↓　事実無根。当時、ＰＴＡ内部で会長人事を巡りもめていたが、校長である私の方に飛び火したものと思われる。
２　↓　誤解であり、公費で支出している。
３　↓　誤解である。消防法に基づく非常灯であり、つけっ放しは当然のことではあるが、説明しても理解してもらえず。その後も「学校側に何度指摘しても全く改善されない」と、複数回にわたり、「都民の声」に挙げられた。

4～7　↓　事実誤認。誤解。

このように、すべてとは言わないまでも、誤解や不満のはけ口の一部となっているのが「都民の声」である〈**注：**なお、〝都民〟の中には、教員が都民と称して内部告発するケースもみられる。なぜなら、内部の者でしか知り得ないことを指摘している事案もあるからである〉。そしてそれに振り回される都教委と学校現場といったところである。今の時代、こうしたクレーマーに対しては、〝役所〟としても、時として厳正に対処すべき時代がやって来ていると感じる。

都民に何か言われると、それが理不尽なことであっても、まずは謝罪？をして事なきを得ようとする。そうした〝事なかれ主義〟の風潮が都教委にはあるように思えてならない。それがクレーマーを益々増長させていく。この連鎖をどこかで断ち切らないといけない。無理難題を言う都民、それに毅然と立ち向かえない都教委、そのもとで働く我々学校現場、これが〝都民の学校〟、すなわち都立学校の実情だ。そして悲しいかな、これが〝都民の学校〟の宿命でもある。

職員向け退職の弁　～現役最後の日まで走り続けたい～

平成30年3月23日（金）。遂に教員生活に幕を下ろさんとする日が近づいてきた。この日の午前、全日制課程の修了式に先立って、急きょ職員打合せの会が設けられ、転退職する者が職員向けに挨拶する場が用意された。

私の職員に対する離任の挨拶は次のようなものだった。

「私の教員生活、振り返れば、あっという間の36年間でした。今、こうして、職を辞する日が近づくにあたり、最後の我がままを言わせてもらうなら、この３月末日の最後の日まで、現役のまま走り抜けたい、と願う。だから退職の〝た〟の字には触れたくもないし、聞きたくもない。〝私の美学〟と言ったら大袈裟ですが、そういう生き方で締めくくりたいと思います。

とはいえ、すでにもう〝死に体〟と化しつつありますが……、自分自身は、現役最後の日まで走り続けたい。加えて、まだ本校定時制課程の入学者選抜の二次募集、三次募集と大事な業務が控えている。とても退職の弁を述べるような心境にはありません。

３月31日、最後の日、ふと時計を見る。『ああ、もうこんな時間か』、そして〝鎧兜〟を我が身から外し、校門を出る。少し歩いて立ち止まり、校舎を振り返る。その時どんな心境となるのだろうか。家路につく電車の中では、どんな気持ちになるのか。そして家に着いたら、妻は何というのだろうか……。

後任が校長室に入る〝城明け渡し〟の日、その日までは、残されたわずかな日々を現役として〝突っ張って〟いきたい。ですから、この場限りで、以後、私に対して〝退職〟という言葉を発しないでもらいたいと思います。

繰り返しになりますが、最後の最後の一瞬まで、現役でいさせてください。ただ、この場だけは、そういう訳にもいかないので、一言、言わせていただきました。最後になりますが、先生方、これまでの学校運営へのご協力、感謝申し上げます。ありがとうございました。」

なお、生徒向けの離任式では、一般教員は其々挨拶を述べたが、私は最後まで現役にこだわり、行わなかった。もし離任式が3月31日だったら……。

校長退職辞令交付式　～当日、欠席するはずが～

年度末の3月に入った頃であろうか、教育庁人事部より「校長退職辞令交付式」の通知が届いた。期日は3月30日（金）〈**注：**退職辞令交付は例年3月31日に行われるが曜日の関係で一日前倒しとなった。〉、場所は東京文化会館であった。9年前の4月、新任校長辞令交付式が行われたのと同じ場所であった。

事前配布資料には、全席座席指定であることや辞令の受取り方も事細かに記されていた。その一部を紹介する。『壇上での動きについて』と題して、次のような指示書きがあった。「①壇上に上がったら国旗に一礼、②A〔※図面上のA〕の位置に進み〔※壇上幹部職員席に対して一礼」〈**注：**※印の個所は、当日の状況を踏まえ、わかりやすいように私が補足したものであり、都教委の「指示書き」に記載されているものではない。以下同じ〉、進行方向を向いて待つ、③呼名されたら返事、④舞台前まで移動、⑤〔※教育長に〕礼をして辞令を受領、⑥一歩下がって礼、⑦壇上を降りるときに国旗に一礼、⑧壇上から降りて自席に戻る」と記されていた。当日は、小学校から中学、高校まで、すべての退職校長に対して、教育長自らが都教委幹部同席の下、一人ずつ辞令を交付するので、9時10分に集合し、終了するのは11時40分（予定）となっていた。

9年前、新任校長として、辞令交付を受けた時の〝あの晴れやかな気持ち〟とは裏腹に、この日の私は、〝複雑な思い〟に満ちていた。なぜなら、校長職の後半は、かつての都教委に対する滅私奉公の姿勢から一変し、都教委に対する不信感を募らせていたからだ。巨大組織の一歯車を担わされ、校長といえども、〝吹けば飛ぶような将棋の駒〟(注3)。都教委の腹一つで如何様にもなる。この頃の私は、そんな悲観的・自虐的な思いが強くなっていた。そうしたことから、何で、最後の最後まで……。最後の幕引きの時ぐらい自分らしく終えたい、そんな思いが日増しに募っていた。

だから、私は当日、「欠席」をするつもりでいた。先輩の元校長たちにも、過去の欠席事例のあるなしの情報も収集していた。それが、最後の最後で急転し、出席することになったのはなぜか。それは、欠席するということは、自分の生き方に正面から対峙することを避け、逃げているようにも思えてきたからだ。これまでの自身の心持ちからして、意に反しているとはいえ、最後の自らの幕引きを、この目にしっかりと焼き付け、見届けておかなければならない、と考えたからだ。だから、教育長の前に立ち、最後の辞令を受け取るときは、目を「カッ!!」と見開き、その瞬間を自身の歴史に刻み込もうとしたのだった。よって、むしろ出席することの方を積極的に選択したのである。そして、巨大組織に対して、頭(こうべ)を垂れることを忌避すること以上に、私自身にとって大事なことであると思ったのである。

ところで、思えば、36年前、東京都の新規採用教員として採用された時の入都式もここだった。この日は、そうしたことが一瞬の内に私の脳裏に去来し、これまでの教員人生を顧みるひと時となった。

〈注3〉「吹けば飛ぶような将棋の駒」 1961(昭和36)年にリリースされた村田英雄の最大のヒット曲『王将』の歌詞の一節。作詞は西條八十、作曲は船村徹。大阪を拠点に活躍した将棋棋士、坂田三吉をモデルとした歌詞より引用。

最終章

現役を去った今……

こうして私の教員生活36年間の幕が閉じた。長くもあり、また短くもあり。やり残したことは数知れず。我が教員人生、大いに悔いあり。しかし、ここまで何とか来られたことに、感謝しなけりゃ罰が当たる。

解放　～肩書と鎧を纏（まと）った生活から解き放たれて～

私の教員生活の後半の十数年間というものは、管理職として名刺を常に携行し〈注1〉、ダークスーツを身に纏い、〝大きな責任〟と、そして〝小さな権限〟を帯びて学校現場と教育委員会を行き来していた。ワイシャツは、カラーシャツなど一枚もなく白のみ。ネクタイとスーツは、ダーク系のみで何着も同じようなものばかり。そして靴は、当然、黒。そんな〝カラスのような格好〟をして、ひたすら〝西新宿〟〈注：東京都教育庁の所在地は西新宿にあった〉の方を向いて通い詰めてきた人生だった。それが今では、黒い〝鎧〟を脱いで、明るめの服装に変わった。

現役時代は、朝早く薄暗いうちから出勤し、真っ暗になってから帰宅するという生活で、妻に言わせると、いつもうつむき加減で歩いていたそうである。それが今では、季節の移ろいを肌で感じ、マンションの桜〈注2〉も愛でることができるようになった。

以前は、新聞を広げても、「政治、社会」面にしか関心を示さなかったのが、最近では「生活や暮らし」のページにも目を向け、チラシや広告も目を通さずに捨てるようなことはしなくなった。

かつては、具合が悪くても滅多に行くことがなかった病院にも小まめに通うようにもなり、自分の身体を労わるようにもなった。そして〝健康〟というものに関心が強まるとともに、〝安らぎ〟というものを求めるようにもなってきた。

退職の3月31日を過ぎるまでは、「余生」とか「老後」などということは、全く気にも留めなかったことだが、不思議なことに、〝3・31〟の日付変更線を境に、途端に思いを巡らすようになった。そして、現実問題として、「年金」、「保険」、「老後」、「余命」……、こうした単語が日常生活の中に自然と入り込んでくるようになった。

退職直後は、肩肘張って、妻と少しは贅沢をして海外旅行にでも行こうかと、旅行代理店から幾つものパンフレットをもらってきていたが、それもいつしか埃をかぶり、今では国内の温泉にでもゆっくりつかりに行ければいいかな、といった気になりつつある。

現役時代は、金に糸目をつけず、食べたいものを食べ、買いたいものを買い、行きたいところに行き、といった生活スタイルであったが、今では、自分の身体だけでなく、〝お金の寿命〟も気にするようになってきた。願わくは、健康で、心安らかに、そして、慎ましく生きたい、と思うこの頃である。

〈注1〉「名刺を常に携行し」 普通の会社員であれば、名刺携行は当たり前のことであるが、学校社会では名刺を持つ習慣があまりなく、持っている者は、せいぜい管理職と一部教員ぐらいであった。

〈注2〉「マンションの桜」 私が住んでいるマンションのエントランス前に大きなソメイヨシノの桜の木がある。毎年見事な花を咲かせるのであるが、激務が続いた頃は、桜の開花に全く気付かないこともあり、妻に言われて、はたと気付くような状況であった。

意識変革、脳内革命　～元校長意識の払拭～

私は元来、学校大好き人間であり、学校しか知らない人生を歩んできた者である。そしてその学校人生の最後が「校長」という立場で終わった。部下がいて、指示したり、依頼したりということが多かったが、今では自分で何もかもしなくてはならなくなった。現役時代とその後では、180度の環境変化があった。その変化に何とか順応できるよう、自分自身に言い聞かせ、納得させるように努めている〈注3〉。

退職後の私にとって、これまでの自分のものの見方、考え方を根本的に改めるために、〝意識変革〟、いや〝脳内革命〟をする必要があった。〝元校長〟という意識をいつまでも引きずっていたのでは自分自身が駄目になる、そう考えた私は、その払拭のために、次のようなことを心掛けた。まず、元校長と〝意識〟するようなところは極力避けるようにした。例えば、歓送迎会、学校の周年行事、入学式、卒業式、退職校長会、研究会などはすべて「欠席」とした。そして、長年愛用の校長としてのステータスであったブラウンのダレスバッグを捨て、新たに安価なビジネスバッグに買い替えた。昼食も外食一辺倒だったのを、妻の手作り弁当と水筒持参のスタイルに変えた。

〈注3〉大変お恥ずかしい話であるが、これまで現役の時は、「ゴミ出し」ということを一度もしたことがなかったが、退職後初めてするようになった。また入浴する際も自分で湯船を掃除して湯を張るようになった。我ながら〝変われば変わるものだ〟と感嘆する。

何が幸せか　～肩書で生きてきた人生を振り返る～

何が幸せか。人によっては、校長まで昇進し、それなりの教員人生を送ったと言ってくれる方もいる。しかし、それは「肩書の人生」である。肩書で生きてきた者は、肩書を失った瞬間にそのすべてを失うのである。一方、一個の人間として〝教師道〟を極めてきた者は、定年を迎えたからと言って、これまでの教員生活で積み上げてきたもののすべてを失うことはない。

生涯一教員を宣言し、生徒と触れ合い、そして生徒に囲まれながら退職の日を迎える者もいる。片や最後の最後まで、教育委員会への報告書作成に追われて現場を後にする者もいる。教師として、どちらが幸せだったのかと問われれば、前者に決まっている。これまで、〝西新宿〟の方を向いて、ひたすら走ってきた人間として、溜め息の一つもつきたくもなる。肩書の人生の末路には、何とも言えぬ「むなしさ」が漂う。

せめて、残された人生、悔いなきものとするため、気の向くままに、そして背伸びせず、身の丈に合った生き方をしていきたいと思う。身の丈に合うということは、無理をしないということである。無理をしなければ、逆らうものもなく、流れるがままに自然に生きられるということである。私は残された人生を、その「自然に生きる」をモットーに生きていきたいと希う。

なぜ教師を目指したのか　～それは理屈を超えたもの～

最後に、私が「なぜ教師を目指したのか」について触れることにする。このことは、本来、冒頭の「序章」で触れるべきものであったが、敢えて避けてきた〝命題〟である。しかし、出版社の方から、避けては通れないテーマであり、その〝肝〟の部分が欠落していては如何なものか、どのような形であろうとも触れた方がよい、とのご指摘をいただいた。だがしかし、私に言わせれば、先にも触れたように、敢えて避けてきたテーマであった。

なぜそこまでして避けてきたのか。その訳は、正直なところ、しっかりとした明確な目的意識をもって、教師を目指したのではなかったからである。例えば、よく言われる「恩師の生きざまに感銘を受けて」とか、「学生時代に読んだ教育関係の書籍に心動かされて」とか、「ボランティア活動を通して子供との触れ合いに生きがいを感じて」とか、そんな〝高尚〟なものは、私は、何一つ持ち合わせていなかったからだ。

では、一体、なぜ明確な目的意識もなく教師を目指そうとしたのか。その問いに対して、現役を退いた今、改めて自身に問いかけると、こういうことになる。

大変お恥ずかしい話ではあるが、包み隠さず申し上げると、……「雰囲気」や「感覚」で教師を目指し、そして、実際、そうした「感覚」のまま教師になってしまったということである。それが私の教員生活の出発点であった。これまで、いかにも〝真っ当な教師面〟?して、教育について述べてきたが、恥ずかしながら、これが〝私の正体〟である。もっと言うなら、〝ミーハー感覚〟で、教職というものに淡い憧れを抱き、教師になろうとしたのである。言うなれば、〝薄っぺらな動機〟であった。だから、この問い、「なぜ教師を目指したのか」には、敢えて触れたくはなかった。諄(くど)いようだが、ここまで来たら、もう一度言う、「何となく教師っていいなあ、かっこいいなあ」、それが教師を目指した原点であった。

過日、新聞のコラム(『読売新聞』2020年2月5日朝刊「時代の証言者」)に歌人の岡野弘彦氏の記事が掲載されていた。それは氏が大学受験に際し、系列の皇学館へ進学せず、國學院を受験しようとした時の話であった。氏は國學院大學の教授であった折口信夫に憧れてのことであったが、一人の面接官から「神主になるなら皇学館へ進学すればいいのに、なぜ國學院を受けるのか」〈**注:**岡野氏の実家は三重県で代々神主の家柄であった〉「皇学館も古典を勉強できる立派な学校じゃないか」と、矢継ぎ早に質問が浴びせられた。すると白髪の貫禄のある面接官が「この学生が國學院で学びたいというのは、〝理屈を超えたもの〟なんですよ」と言って助け舟を出してくれたことが紹介されていた。私の教師を目指した動機というものは、次元は違えども、岡野氏と同様、まさに〝理屈を超えたもの〟であった。

では、一体、私にとっての〝理屈を超えたもの〟とは、どのようなものだったのか。当時を振り返りながら、述懐していくこととする。

私は大学時代の夏休みに母が通った小学校を訪れたことがある。そこはひなびた山村にあった。子供の頃、母からよく学校までの山あいの道を何時間もかけて通った話を聞かされていたので、何となく、その小学校に行ってみたくて足を運んだのだった。ちょうど学校は、夏休みで人気は全くなかった。子供たちに代わり、蝉の鳴き声が校庭にこだましていた。私は校門をくぐり、古い木造校舎に向かってまっすぐに進んだ。窓越しに教室の中を覗くと、西日が差し込み教室の奥までよく見えた。黒板に目をやると、夏休みの諸注意と宿題が書かれていた。私はその空間がノスタルジックで、とても穏やかな気持ちになった。しばらくすると、校舎の裏手の方から子供の声が聞こえてきた。何事かと思い、声のする方へ向かうとプールがあった。教員らしき若い男性が、真っ白いワイシャツ姿で、ズボンを膝までまくり上げ、子供たちに水泳指導をしているところであった。私はその時、「ああ、いいなあ……」「あ、これだ!!」と思った。つまり、自分が追い求め、探していたのは、まさにこれ、〝教職の道〟であると確信した瞬間だった。

五木寛之の『青春の門　自立編』ではないが、主人公の伊吹信介が故郷・筑豊を後にして、東京の大学に進学したが、自らの目標は定まっていなかった。彼は大学に行けば、自分のやりたい〝何か〟が見出せるのではないか、その答えを求めて上京したのだった。伊吹信介を自分に置き換えるなら、その〝何か〟を求め、私自身も東京に出てきた。そして、それをずっと追い求めていた、その〝何か〟が、実は母の故郷の小学校にあったのだった。

これまで私は、大学1年生の時は、漠然とマスコミ関係に興味を持ち、「マスコミ研究会」なるサークルに顔を出していたが、このことを契機として、「教師をめざす会」というサークルの門を叩くようになっていった。そして大学4年生になり、教育実習の時期を迎えた。私は実習を長野県の母校の中学校でやらせていただくことになった。

長野県は「信州教育」〈注4〉といって独特な教育スタイルがあり、経済・産業分野において、これといった特筆すべきものがない中で、ことさら教育にだけは力を入れていた、いわゆる「教育県」であった。それ故、教師は一目置かれ、尊敬の眼差しで見られることも多かった。そして、学校は地域社会の文化の中心を担うものとして存在していた。そうした「学校」やそこで働く「教師」を、子供の頃からずっと目に焼き付けて育ってきた。だから、教職に対する思いは、〝理屈〟など一切関係なく、〝肌で感じるもの〟だった。

さて、話を元に戻す。当時、教育実習の期間は2週間と決められていた。担当の指導教官に最初に言われたことがある。「朝は7時までに来ること。出勤したら、まず水泳部の朝練の面倒を見てくれ。それから、言い忘れたが、どんなに暑くても、ネクタイだけは外すな」だった。ちなみに、その教官は、周りの教員が初夏の暑さでネクタイを外していく中で、彼だけが欠かさずネクタイをしていたが、それが毎日同じネクタイだったので、結び目が黒ずんでいたのをよく覚えている。

それはともかく、その〝ネクタイ教官〟に毎朝「指導計画」を持っていくと、真っ赤っ赤に直しが入り、何度も手直しをされた後、ＯＫが出るとそれをもとにガリ版と鉄筆〈注5〉で教材プリントの原紙を作成する。慣れないものだから、1枚のプリントを作るのに相当な時間を費やした。学校だけでは終わらないので、家に持ち帰ることがほとんどだった。2週間の実習期間中の平均睡眠時間は3、4時間ぐらいだったと思う。

最終日は研究授業を行うことになっていた。その前日は、明日の本番に向けて、誰もいない教室で、生徒がいるものと想定して模擬授業をやった。教師役は当然のこととして、生徒役も自分でやる、まさに一人芝居だ。自分が仮定の生徒に質問を当て、そして今度は自分が生徒になって答えるというものだ。いつしか時を忘れ、時計を見るや夜の10時を回っていた。校内はその教室以外真っ暗だった。玄関口はすでに外側から施錠がしてあった。いわば私一人が閉じ込められた状態であった。最終退勤者としての対応の仕方がわからなかったので、1階の廊下の窓から外に飛び降りて家路についた。そして翌日迎えた研究授業。結論から言って、散々な状態で失敗に終わった。反省会の折、同じ実習生仲間から「準備不足だね」との一言。あれだけ準備したのに、とても悔しくて、拳をギュウと強く握りしめたことを今でも思い出す。

その最終日の放課後、私は校舎3階の教室の窓から生徒たちが下校する姿を見ていた。「ああ、これで実習も今日で終わるのか」、そんなことを自分に言い聞かすかのようにただ茫然と眺めていた。そして、下校時刻を知らせる校内放送があり、続いて、下校の曲『マイ・ウェイ』が流れ始めた。その曲はどこかで聞いたことがあったが、これまで特段意識したこともなかった。しかし、その時は違った。2週間の教育実習を、そして、平均睡眠時間3時間、毎朝6時には家を出て7時前には学校に到着し、色んな学校業務をこなしてきた。たった2週間ではあったが、とても中身の濃い期間だった。そして、研究授業は努力の甲斐なく、上手くはいかなかったけれども、何か一つのことをやり終えたという充実感があった。そこに、この『マイ・ウェイ』の曲が、私の身体に、そして、心の奥底にまで染み込んできた。その時、自らが進むべき道は、「教職なんだ」と改めて確信をしたのだった。

さて、以上、私が教師を目指した事情について触れてきたところであるが、よくよく考えてみると、さすがの私も、ただ単に、〝雰囲気だけのミーハー感覚〟で教職を決めたわけでもなかった。敢えて、〝理屈付け〟ようとするならば、次の書籍等があげられる。

まずは、新田次郎の『聖職の碑』。これは、長野県の中央アルプスの木曽駒ヶ岳を舞台に生徒の遭難事故を扱ったものであるが、実際、私は中学校時代に、その小説を地で行く全く同じ「鍛錬教育」を実体験しており、小説がとてもリアルなものとして、身体に染み込んでくる作品である。昨今、子供の教育において、「個性伸長」の名のもとに、嫌いなものより好きなものを与え伸ばしていく教育手法がもてはやされているが、私の考える教育の根本は、〝忍耐〟であり、多少の困難なことや嫌なことがあったとしても、それに耐え得るだけの〝忍耐力〟を培う教育こそが、教育の本質だという考えが染み込んでいる。

次に、石坂洋次郎の『何処へ』。これは小説に登場する主人公の若い高校教師が田舎の学校に赴任し、生徒やその親、町の芸者、そして下宿先の若い女性との出会いなどが絶妙なタッチで描かれており、そうした情景が私に一種の憧れを抱かせた。こんな教師の姿もいいなあと感じた作品であった。

そして、書籍ではないが、私の教員人生に少なからぬ影響を及ぼした恩師3人をあげるとするなら、「○○喜左衛門」先生、「△△時夫」先生、「□□一雄」先生であろう。

「○○喜左衛門」先生は、小学校の時の担任の先生で、本名は「喜左衛」であるが、何となく「喜左衛門」と勝手につけて呼んでいた。先生には高学年からご担当いただき、それまで、成績不良だった私に活を入れ、テストで毎回１００点満点をとれるくらいの成績優良者にまで育てていただいた、まさに恩人というべき方である。同時に、水泳、陸上も学年で1、2番を競うような少年に導いてくれた。先生からは小学校を卒業する年に、年賀状で「努力、努力、努力。努力の実が奇跡を生む」という言葉をいただいた。その言葉が大きな支えとなってその後の私がある。なぜ名前の末尾に「門」をつけたのかというと、その身なり風体からして、大きな身体で、校長先生よりもいかにも偉そうにしていたので、子供心に何となく、そうした呼び方をさせていただいていたのだと思う。

次に「△△時夫」先生。この先生は、大学のゼミの指導教授（本書「序章」で登場）で、私を歴史学の世界に導いてくれた大恩人である。氏は日本歴史学の大家、津田左右吉大先生を師と仰ぎ、「日本ナショナリズム史論」を唱えられた方である。大学1年の時、初めて受けた「歴史学概論」で大きな衝撃と感銘を受け、一瞬にして先生の虜になってしまった。そして、師への畏敬の念と強い憧憬を抱き、何としてでも先生のゼミの門下に入るのだと決意した。多くの学生から慕われた人気ゼミで、かなりの倍率であったが運よく入ることができた。師は研究者であると同時に、一人一人の学生に対して、教育者としての深い愛情も注がれた方である。就職活動で悩んでいた時や就職してからもお心遣いをいただき、先生行きつけのしゃれたナイトクラブにも何度もお誘いいただき、先生の〝鞄持ち〟になりたいと真剣に考えたこともあった。

そして、最後は「□□一雄」先生。本書「第3章」でも登場した歴史の研究会のK会長のことである。歴史教育や学校経営の面で大変憧れの存在であった。強烈な個性の持ち主でカリスマ性があり、かつ、類い稀なる包容力を有し多くの部下に慕われていた。先生の公私を譬えるなら、〝大統領のように働き、王様のように遊ぶ〟だった。とても私に真似のできるようなものではなかった。こうした、恩師の生きざまが私の教員人生に少なからぬ影響を与えた。

ところで、読者は、「なぜ田舎の教師ではなく、都会の教師を目指したのか」、という疑問を抱かれるのではないか。これも編集部からの問いであるのだが、結論からいうと〝都会の毒牙〟にかかってしまったからに他ならない。

私は冒頭の「序章」で触れたように、信州の田舎育ちである。それが、最も多感な20代前半を大都会東京で過ごした。そこには多くの刺激があり、自分をもっともっと大きく飛躍させる可能性を秘めた場所のように見えた。

そんな中で、一冊の書に出会う。それは山崎豊子の『白い巨塔』で、20代の私にとって、あまりにも衝撃的であった。医学部の苦学生「財前五郎」が象牙の塔の大学病院の筆頭教授、ナンバーワン・プロフェッサーにのし上がっていく姿を、貧乏学生の自分に投影し、なぜか惹かれるところがあった。そして、このギラギラ輝く首都東京で、〝行けるところまで行ってみたい〟、そんな思いが心をよぎったのだった。大学4年生の時であっただろうか、尊敬するゼミの指導教授に自身の存在を認めてもらいたい、このまま鞄持ちでもいいからしがみついていたい、教授に手心を加えてもらい、教授を通して何か出世のチャンスが欲しい、そんな野心を強く抱く自分がいた。そして、学生の身でありながら、教授の還暦祝いに際し、「10万円の図書券」を大きな封筒に入れて贈ったことがあった。そのお金の出どころは、家庭教師で稼いだものだった。10万円といえば、当時の貧乏学生にしてみれば相当な額だったはずである。『白い巨塔』の影響がことさらに強かったのだと思う。

以上、「なぜ教師を目指したのか、そしてそれも、なぜ都会の教師だったのか」について、本来触れられたくない部分を、開き直った心境で、自らが吐露することになってしまった。自分の隠しておきたい〝素〟の部分をこのような形で晒すこととなり、後々後悔することになるやもしれぬ。今回、編集部の要請と筆の勢いで、当初意図しなかったところまで踏み込んでしまった感がする。このようなつまらぬ私事でも、これから教職を目指さんとする諸氏にとって、少しでも参考になるものがあれば幸いである。

〈注4〉「信州教育」 長野県の教育職能団体である「信濃教育会」を母体とする教育運動。歴史は明治期（1886年）まで遡り、様々な教育実践を展開し、教科書や副教材などの出版事業も手掛ける。（出典：『ウィキペディア』より「信濃教育会」https://ja.wikipedia.org/wiki/2020年5月17日〈日〉17：15　一部参照）

〈注5〉「ガリ版と鉄筆」 正式には、謄写版といい、遡ること明治時代に開発された印刷機のことである。ヤスリ板に原紙を置き、その上から文字や絵を描く際に先が鉄でできたペン（鉄筆）を用いた。仕組みが簡単であったので日本の学校現場で幅広く活用された。（出典：「ガリ版と鉄筆」に関わる複数のインターネット掲載記述を部分参照）

【資料1】年譜

章	序　章	第1章
年齢	20代前半	20代後半
和暦	昭和55年～	昭和57年4月～
西暦	1980年～	1982年4月～
校種		専門学科（全）
職層		教諭
期間		5年
主な出来事	●大学4年の夏、「公立学校教員採用試験」を受験するも失敗。 ●同年秋、「私学教員適性検査」を受験、結果はＡＡ判定。 ●翌年、再度教員採用試験に挑む（東京都・愛知県・長野県に出願）。 ●父死去（享年59歳）。 ●東京都、愛知県の採用試験に1次・2次ともに合格し、最終的に東京都の教員を選択。	●中部地区の専門学科の高校に赴任。 ●校務分掌は在籍5年間で、教務部→教務部→学年（1年）→学年（2年）→学年（3年）を経験。 ●組合と非組の対立激化（社会科〈組合系〉VS体育科〈非組系〉）。 ●生徒指導は命がけで、「身の危険」を感じることもしばしば。 ●新採2年目にして入学者選抜の主担当となる。 ●新採3年目で初めて学級担任を受け持つ。 ●担任の独断で特別指導（懲戒）を行い、校長から注意指導を受ける。 ●研修意欲旺盛で、研究会、大学聴講、講演会、セミナーなどへ積極的に参加する。長期休業期間は40冊以上の書籍を読破する。
世の中の動き	●この頃、「校内暴力」が全国的に蔓延	●この頃、武田鉄矢主演のＴＶドラマ『3年Ｂ組金八先生』が一世風靡 ●1982年　歴史教科書記述が国内外で問題化 ●1983年　田中元首相、ロッキード事件で有罪判決

第2章	
30代	
昭和62年4月～	
1987年4月～	
普通科（全）	
教諭	
10年	
●中部地区の普通科高校に転任。 ●校務分掌は在籍10年間で、庶務部↓学年（1年）↓学年（2年）↓学年（3年）↓学年（1年）↓学年（2年）↓学年（3年）↓進路部↓進路部↓進路部を担当。 ●教科指導・受験指導に尽力し、ライバル教員と講習で生徒の人気講座を競い合う。 ●旅行担当として、修学旅行や校外学習の企画・立案に携わる。 ●進路指導主任として、進学指導に尽力し、東大、京大、早大などの合格者を輩出、マスコミ取材を受ける。 ●教育課程委員長として、「類型制」導入に尽力。 ●歴史の研究会に積極的に参加するとともに、東京都教育委員会開発委員を2期、文部省専門委員を3期務める。 ●研修日や土日も毎日出勤し、学校中心の生活を送る。 ●指導主事や管理職等への興味・関心が強まる。 ●「主任制反対闘争」が展開し、主任手当の組合への拠出要請をされるも拒否。	●授業規律の徹底に心血を注ぐとともに、授業進度より生徒の興味・関心を重視する授業を展開。 ●「武士道精神と日本刀」「米と日本人」「菊の紋のベールを剥ぐ」などをテーマに特別講義を実施。 ●初めて受け持ちクラスの生徒を送り出す（卒業式）。
●1987年　国鉄分割民営化（JR発足） ●1989年　ベルリンの壁崩壊 ●1989年　「修学旅行」贈収賄事件 ●1991年　湾岸戦争 ●1991年　バブル経済崩壊 ●1992年　学校週5日制開始 ●1992年　「校外学習」贈収賄事件 ●1995年　阪神・淡路大震災 ●1995年　地下鉄サリン事件	●1986年　バブル経済（株価・地価高騰）

章	第3章	第4章
年齢	40代前半	40代半ば
和暦	平成9年4月～	平成15年4月～
西暦	1997年4月～	2003年4月～
校種	普通科（全）	普通科（定）
職層	主幹教諭・教諭	主幹教諭
期間	6年	1年
主な出来事	●中部地区の全日制普通科単位制高校に転任。 ●校務分掌は在籍6年間で、キャリア部（進路）↓キャリア部（進路）↓キャリア部（進路）↓学年（1年）↓学年（2年）を担当。 ●進路指導主任として、キャリアガイダンス部の創設、及び中央大学との高大連携事業に尽力。 ●定員割れの学年主任となる。学力向上のための学年独自の取り組みを推進。 ●学年主任として、都立初の海外修学旅行の引率（9・11事件の影響）。 ●将来構想委員長として、学校改革の重点支援校事業に邁進。 ●管理職選考（副校長選考）に合格。 ●管理職候補者研修（1年目）の一環で、民間企業（某大手商事会社）へ派遣。	●西部地区の定時制高校に転任。 ●初めて教務主任となる。 ●管理職候補者研修（2年目）を受講。
世の中の動き	●1999年　国旗・国歌法成立 ●2000年　都教委「人事考課制度」導入 ●2001年　中央省庁再編により文部省と科学技術庁を統合し文部科学省となる ●2001年　9・11同時多発テロ事件 ●2002年　都教委「主幹」制の導入 ●2002年　完全学校週5日制なる	●2003年　個人情報保護法成立

第6章	第5章
50代前半	40代後半
平成19年4月～	平成16年4月～
2007年4月～	2004年4月～
普通科（全）	普通科（定）
副校長	副校長
2年	3年
●中部地区の全日制普通科高校に転任。 ●異動で仕事量は3倍となるも「地獄から天国へ」の気分。 ●教育委員会指定の「重点支援校」事業に邁進。 ●校長任用前研修（2年間）の受講。	●東部地区の定時制高校に転任（副校長として昇任配置）。 ●前年度の全日制の入学者選抜で「替え玉事件」が発覚。 ●全日制で体罰事故が発生。 ●「学校経営の適正化」（通知）を受け、既存の予算委員会、人事委員会を廃止。職員会議を停会（6か月間）し、教員（組合）側との適正化に向けた闘いが始まる。 ●卒業式で国歌斉唱、国旗掲揚に関わる服務事故が起きる。 ●生徒の問題行動頻発（器物損壊、爆竹、非常ベル、爆破予告、窃盗、恐喝、暴行）。 ●校門前で傷害事件発生（バット殴打事件）。 ●教育庁高指課長から「学校の体を成していない」と言われる。 ●サッカー部が全国大会で優勝。凱旋後、区長表敬訪問を行う。 ●管理職選考（校長選考）に一発合格。
●2007年　改正教育職員免許法公布（教員免許更新制） ●2008年　証券大手リーマンブラザーズ経営破綻（リーマン・ショック）	●2004年　都教委「教頭」廃止し「副校長」職新設 ●2005年　道路公団・郵政民営化法公布 ●2006年　改正教育基本法公布 ●2006年　都教委「学校経営の適正化（通知）」全都立学校に発出 ●この頃、平成の市町村大合併ピーク

章	第7章	第8章
年齢	50代前半	50代半ば
和暦	平成21年4月～	平成23年4月～
西暦	2009年4月～	2011年4月～
校種	専門学科（全）（定）	普通科（全）（定）
職層	校長	統括校長
期間	2年	3年
主な出来事	●西部地区の専門学科の高校に転任（校長として昇任配置）。 ●敷地内に新設校の開設準備室が置かれる。 ●70周年記念式典、全日制閉課程式典など、式典のダブルヘッダーを無事こなす。 ●全日制閉課程に伴い、定時制単独校長となる。 ●東日本大震災の影響で計画停電が実施。夜間の定時制教育を直撃。	●東部地区の普通科高校に転任（統括校長に昇任）。 ●都教委より、進学指導推進校と重点支援校の２つの指定を受け、一連の学校改革に着手する。 ●学校改革の推進機関として、プロジェクト委員会を設置。 ●進学実績の向上に向けて、特別進学クラスの設置。 ●都の経営診断、予備校の進学指導診断を受ける。 ●定時制改革に着手し、「荒れた」学校が「落ち着いた」学校へと変貌。 ●都議会で本校のことがしばしば取り上げられる。 ●「学校経営計画」差替え事件おこる。 ●校舎改築問題おこる。 ●入選事故おこる。
世の中の動き	●２０１１年3月　東日本大震災が発生	●２０１１年　アラブ諸国に「アラブの春」、リビアのカダフィ政権崩壊 ●２０１２年　中国習近平体制、北朝鮮金正恩体制の発足

●「校種」の（全）、（定）は、それぞれ全日制課程、定時制課程をさす。

最終章	第9章
60代前半	50代後半
平成30年4月～	平成26年4月～
2018年4月～	2014年4月～
	専門学科（全）（定）
	校長
	4年
	●東部地区の専門学科の高校に転任（統括校長から校長へ降格）。 ●経営企画室の改革に着手。 ●生徒、保護者が成績会議の結果に抗議し弁護士を立てる。 ●指導主事の学校訪問時の高慢な態度に怒り心頭。 ●教科書補助教材問題おこる。 ●本校に対する苦情が「都民の声」として上がる。 ●校長退職辞令交付式に出席。（※定年退職）
●２０１９年 徳仁親王即位、令和時代始まる ●２０２０年 新型コロナウイルスが世界規模で蔓延 ●２０２１年 東京オリンピック・パラリンピック大会	●２０１４年 過激派組織ＩＳ（イスラム国）中東で勢力拡大 ●２０１５年 改正公職選挙法（18歳選挙権）成立

【資料2】学校経営の適正化について（通知）

17教学高第2336号
平成18年4月13日

都立学校長殿

東京都教育委員会教育長
中　村　正　彦
（公印省略）

学校経営の適正化について（通知）

学校経営の適正化については、職員会議の位置付けの明確化、管理運営規程の整備などを実施するとともに、通知等によっても趣旨の徹底を図ってきたところです。

この間、都立高校改革推進計画の進展、特別支援教育推進計画の策定などにより、都民の都立学校への関心が高まり、各学校が提供する教育の質が問われてきています。

各学校において、教育の質を高め、校長がめざす学校づくりを的確に推進していくためには、従来にも増して適正な学校経営に努め、都民に信頼される組織体制を整備していくことが不可欠です。

今回、主幹制度の定着、学校経営支援センターの設置などの状況を踏まえ、学校経営上の留意点について改めて整理したので、この通知に基づき、企画調整会議、職員会議、委員会等の運営について、一層の適正化を図るようお願いします。

なお、これに伴い、「学校運営の適正化について（通知）」（平成13年6月1日付13教学高第１５８号）は廃止します。

記

1　企画調整会議を中心とした学校経営

企画調整会議は、東京都立学校の管理運営に関する規則第12条の6及び都立学校管理運営規程（標準規程）第9の1により学校全体の業務に関する企画立案及び連絡調整を行う学校経営の中枢機関として位置づけられている。

特に主幹制度が定着してきた現段階においては、主幹が中心となって、校務分掌組織での教職員の建設的な意見を十分に把握して、学校経営計画を踏まえ、管理職と学校経営の方向性を議論する重要な場となっている。

企画調整会議がこのような機能を十分に果たすことが出来ない場合は、教職員の意見が学校経営に関する方針決定に反映されないことになり、結果として職員会議において挙手等により教職員の意向を確認せざるをえないことになる。

企画調整会議の機能を活性化させ、教職員の経営参画を図り適正な学校経営を進めていくためには、次の(1)から(5)により改善を図ることが必要である。

(1) 企画調整会議を学校経営の中枢機関とし、単に職員会議の議題整理に終始することなく、各分掌や委員会での議論を踏まえた十分な議論を行う場とすること。

(2) 企画調整会議は、都立学校管理運営規程（標準規程）第9の3により、原則として週一回定例会を開催し、企画立案のために十分な議論の時間を確保すること。

(3) 企画調整会議の構成員は、東京都立学校の管理運営に関する規則第12条の6第3項及び都立学校管理運営規程（標準規程）第9の2により、校長、副校長、経営企画課長または経営企画室長（以下、「経営企画室（課）長」という）、主幹、各部主任、各学年主任、各学科主任及び経営企画室各係長とし、主幹以下の構成員については教職員の互選等によることなく、校長が選任すること。

(4) 企画調整会議の会議録を、教職員に配布するなど教職員が閲覧できるようにし、校内で情報の共有を図ること。また、各分掌の会議録を企画調整会議の資料とするとともに、企画調整会議の会議録とともに供覧して、情報の共有を図ること。

(5) 企画調整会議での資料とした各分掌の会議録を含めて、企画調整会議の会議録は、情報公開の対象となる文書である。そのため、保護者及び都民等が閲覧した際に、概要が把握できるように整備を図ること。なお、企画調整会議録の作成要領及び記載例（別紙1）を参考に、より適切な記載方式を確立すること。

2　職員会議の適正な運営

職員会議は、東京都立学校の管理運営に関する規則第12条の7及び都立学校管理運営規程（標準規程）第10の1の規定により、校長の職務を補助するための機関として明確に位置づけており、その機能は、教職員に対する報告、意見聴取及び連絡に限定している。

したがって、本来企画調整会議において議論されるべき学校経営に関わる事項を、企画調整会議で十分に議論せずに職員会議の場で議論し、教職員の意向を挙手等で確認するような学校運営は許されない。

主幹を中心として分掌部会、委員会を活性化させ、教職員の意見を企画調整会議の場で反映させることにより、職員会議を中心とした学校運営から脱却することが不可欠であり、そのためには、次の⑴から⑺により、職員会議の運営を早急に改善する必要がある。

⑴　職員会議において、本来、校長の責任で決定する事項を不当に制約するような運営や議決により校長の意思決定権を拘束するといった運営は認められないこと。

⑵　校長が校務に関する決定等を行うに当たって、職員会議において所属職員等の意見

を聞くことが必要な場合においても、「挙手」、「採決」等の方法を用いて職員の意向をはかることは、企画調整会議の機能を否定することになりかねないばかりでなく、校長が自らの責任で決すべき意思決定に少なからず影響を与え、同会議が実質的な議決機関となりかねない。このため、職員会議において「挙手」、「採決」等の方法を用いて職員の意向を確認するような運営は不適切であり、行わないこと。

(3) 職員会議で取り扱う報告、意見聴取及び連絡に関する事項は、すべて企画調整会議を経た上で、事前に資料を添付し副校長に提出すること。

(4) 職員会議の司会者及び記録者については、職員会議の適正な運営を確保するため、輪番等によることなく、適格な司会者及び記録者を校長が選任すること。なお、司会者に代えて議長を置いている学校、あるいは会議録に司会者を議長として記載している学校は、直ちに改めること。

職員会議における校長の発言内容（伝達内容・判断・意見等）は、会議録に明確に記載すること。

(5) 記録者は、職員会議終了後、会議録を副校長及び経営企画室（課）長の確認を受けた後で、校長に提出し承認を受けること。

(6) 職員会議録は、情報公開の対象となる文書であり、保護者及び都民等が閲覧した際には、概要を把握できるように整備を図ること。なお、職員会議録の作成要領及び記載例（別紙２）を参考に、より適切な記載方法を確立されたい。

(7) 児童・生徒の成績、進路判定または卒業認定等については、教務部、学年、学部等を中心として検討を十分行った上で、企画調整会議で議論を行うか、または、管理職及び関係主幹に報告し指示を受けた後、職員会議、成績会議等で必要に応じて報告等を行うことが望ましく、その場合でも、「挙手」「採決」等の方法を用いて職員の意向を確認するような運営は不適切であり、行わないこと。

３　委員会の整備と適正な運営

都立学校管理運営規程（標準規程）第７の７に規定する校務分掌組織の一部を形成する委員会は、校長が必要とする委員会に限定される。校務に関する分掌組織や校内人事等を検討する委員会等を設置したり、委員会等から分掌組織や校内人事案に関する調整をすることは許されない。翌年度の組織、校内人事等の検討に当たっては、人事考課制度に基づく面接等を通じて、校長が教職員の意向を適切に把握するとともに、主幹、主任からも意見を聴いて参考にするなど管理職が中心となって調整を図り、校長の責任と権限で委員等を任命すること。また、「委員会運営規定」において委員会の設置目的や校長、企画調整会議への報告方法等必要事項を明確に規定するとともに、毎年度見直しを図り、最新の校内規定を整備して、都民の閲覧等に努めるなど、次の(1)から(10)により改善を図る必要がある。

(1) 校務分掌組織の一部を形成する委員会については、校長が必要と判断するものに限り設置できる。人事案件等を扱う委員会を置いてはならない。

また、学校の将来構想等の学校全体に関わる案件を扱う委員会については、目的や期間を明確にするとともに、教育系管理職を委員長として運営し、企画調整会議に必ず報告を行うこと。

(2) 恒常的な委員会については、原則として全て管理運営規程に登載すること。ただし、経営企画室機能の一部と見なされる委員会（業者選定委員会等）については、この限りではない。

(3) 恒常的な委員会に関する「委員会運営規定」を策定し、設置目的、所掌事務、構成員、委員長の選任及び校長、企画調整会議への報告方法等の必要条項を定めること。

なお、すでに校内規定等で、都立学校管理運営規程（標準規程）に反するような委員会を設けている場合は直ちにこれを廃し、新たに適正な委員会運営規定を設けること。また、委員会の設置について見直しを行う場合は、その都度委員会運営規定を改めること。

(4) 委員会所掌事務については、教務部、生活指導部などの分掌が本来担うべき事務と重複しないように、役割分担を明確にしておくこと。

(5) 委員会構成員の任命は校長専管事項である。公選方式は、法令に特段の定めがある場合を除き、校長の権限を侵害することになるので認められない。ただし、法令あるいは要綱等で設置規定が定められている委員会（安全衛生委員会、開放事業運営委員会等）については、この限りではない。

(6) 委員長については、委員の互選方式は行わないこと（法令に特段の定めのある場合を除く）。

(7) 委員会は校長の補助機関であるので、委員長は検討内容について校長に報告し、指示を受けるとともに、会議録を提出すること（校長が委員長である場合を除く）。また、委員会の検討結果は、企画調整会議で報告するとともに、必要に応じて職員会議に報告すること。

(8) 校長判断により臨時的あるいは緊急的な委員会を設置する場合は、管理運営規程の改正を要するものではない。この場合、上記の主旨を踏まえて、必ず文書による事案決定を行うこと。

(9) 委員会の会議録を、教職員が閲覧できるようにしたり、会議録を教職員に配布したりすることで供覧し、校内で情報の共有を図ること。

(10) 委員会の会議録は、情報公開の対象となる文書である。そのため、保護者及び都民等が概要を把握できるように整備を図ること。なお、委員会の会議録の作成要領及び記載例（別紙３）を参考に、より適切な記載方法を確立されたい。

4　その他校内規定の整備

(1)　管理運営規程（標準規程）第14の規定によるその他の校内規定とは、学校運営に関わる全ての校内規定を指している。したがって、校長は、校務分掌組織等に関する規定、学習指導に関する規定、生徒指導に関する規定等全ての校内規定について整備を図る必要がある。

(2)　校務分掌組織等に関する規定として整備を図るべき事項は、次のとおりである。

①　部、学年、学科及び経営企画室の所掌事務に関する規定

②　企画調整会議及び職員会議の組織及び運営に関する規定

③　委員会に関する規定

(3)　部については管理運営規程で所掌事務の概要を定めているが、具体的項目を明示する必要がある。また、学年及び学科については、同規程で所掌事務を定めていないため、明確化を図る必要がある。

(4)　企画調整会議及び職員会議については、その構成員、招集手続き、定例開催日、司会及び記録等を校長判断により定める必要がある。

(5)　委員会については、上記３により整備を図ること。

5　校内規定集の開示

(1)　管理運営規程（標準規程）第15の規定により、学校要覧に所収する管理運営規程に加え、その他の校内規定についても保護者及び都民等の閲覧に供することができるように整備することになっている。

ここでいう、その他の校内規定とは、情報公開条例の規定に基づき非開示とされる規定を除いた全ての校内規定を指すものである。各都立学校にあっては、保護者及び都民等に対して管理運営規程上、閲覧に供するよう義務を負っているところである。

なお、校内規定には、取り決め、基準、申し合わせ、方針等と呼称されているものであっても、校内規定たる性格を有するものは全て含まれるものである。

(2)　教務部関係の進級・卒業に関する規定及び生活指導部関係の特別指導に関する規定についても、規定そのものは開示文書と考えられるので、閲覧の対象となる。

ただし、規定内容から見て、閲覧に供することは疑義があると校長が判断するものについては、事前に、東京都学校経営支援センターの学校経営支援室長に協議するものとする。

(3)　校内規定については、校内規定集として取りまとめ、学校要覧とともに保護者及び都民等の閲覧に供するため、経営企画室受付に配備するとともに、学校のホームページに掲載すること。

なお、校内規定が学校要覧等に所収されている場合は、校内規定集に代えて学校要覧等をもって閲覧に供することも可能である。

（※別紙1〜3は収載しない）

【資料3】「プロジェクト委員会」設置要綱

平成23年8月1日
校長決定

都立〇〇高等学校　プロジェクト委員会設置要綱

第1条（目的）
本会は、重点支援校の計画を進行管理していくために「プロジェクト委員会」（以下「委員会」という。）を設置する。

第2条（所管事務）
委員会は次の事項を所管する。
1　進学指導の充実に関すること。
2　地域貢献の推進に関すること。
3　その他、校長が必要に応じてさだめるもの。

第3条（構成）
委員会は校長、副校長、経営企画室長、校長が選任する主幹教諭若しくは主任教諭若しくは教諭で構成する。

第4条（委員長及び副委員長）

委員会の委員長は、校長とする。

　２　副委員長は、副校長とする。

第５条（事務局）

東京都立○○高等学校にプロジェクト委員会事務局を置く。校長は、委員の中から一名を事務局長に充て選任する。

第６条（設置期間）

委員会の設置は、重点支援校の指定から、重点支援校推進期間終了までの間とする。

第７条（会議録）

委員会は、様式1号による会議録を備えるものとする。議事で重要なものに係わるものについては　会議録に記入、３年間保存するものとする。

付則

この要綱は、平成23年8月1日より施行する。

【資料4】「特進クラス」設置要綱

東京都立○○高等学校　特進クラス設置要綱

1　特進クラス設置の目的

国公立大学や難関私立大学への現役合格者を増やすことを目標に、1年生の早い段階から本格的な進学指導を展開するために、平成25年度入学生から特進クラス（特別進学クラス）を設置する。なお、特進クラス以外のクラスは一般クラスと呼ぶ。

2　特進クラスの内容

特進クラスの生徒には必ず取組ませる必修事項と任意の選択事項がある。

(1)　必修事項

①　○○塾

原則として、水曜日と金曜日17：00～19：00、授業のある土曜日13：00～15：00、授業のない土曜日8：30～12：30、難関大学の学生・院生による個人指導を行う。○○塾への参加者は、ここで授業の予習や受験勉強をする。勉強法や大学生活の様子などを大学生・院生に聞くこともできる。

② 特別講師による進学講演会の実施

国公立、GMARCHR以上の大学合格のために必要な情報・ノウハウを知るとともにそれに挑むモチベーションを高める講演会等を実施する。

③ 外部模試の参加

高い目標達成に向かいこれから身につけねばならないことを実経験させるため、全クラスで実施される外部模試のほかに国公立大学・難関私立大学を目指す特進クラス生徒に必須な模試を設定（例：2年次「センター試験同日体験模試」）する。

④ 長期休業中の講習の受講

基礎及び基本事項の確立・学力向上・受験に対応する学力の育成を目指す。

⑤ 難関大学の訪問

1年次より難関大学訪問を設定することにより大学の教育・研究内容・学生生活・入試及び就職状況等の情報収集の仕方を学ばせ，大学教育についての理解を深めるとともに自分の志望する難関大学合格への意欲を高める。

⑥ 「駿台サテネット21」の体験

基礎からの反復学習と、それに基づく思考力・判断力の養成を図ることができる自主的な学習支援システム「駿台サテネット21」を視聴させ、有効活用に向けて本登録を促す。

⑦　勉強合宿の参加
同じ意識をもつ仲間と共に学ぶことで学習意欲を高めるとともに24時間の有効な時間活用により家庭学習の習慣を身につけさせる。

(2)　選択事項
①　「駿台サテネット21」の受講
自己都合に合わせて学べ、ウィークポイントも反復視聴により克服できるシステムを有効活用させる。
②　英検等の受検
資格取得を通じて幅広い知識の拡充を図ることによって学力を伸長させる。
③　講習・補習への参加
各自の理解度に応じ、講習・補習に参加して学力を伸長させる。

3　選抜方法
(1)　説明会
3月上旬に説明会を行う。
(2)　選抜方法
①　募集クラスは2クラスとする。

② 新入生招集日に本校で新入生全員に対して国数英の入校時テストを行う。この入校時テストを選抜試験とする。
③ 選抜は入校時テストの成績・特進クラス希望の調査等を総合的に判断して行う。
④ 選抜に関する細則は別途マニュアルを設ける。

(3) 発表

入学式当日に、本校正面玄関に掲示するクラスをもって合格者の発表とする。

4 2・3年次特進クラスの選抜と編成

(1) 選抜

選抜は、学内成績・外部模試・特進クラス希望の調査等で総合的に判断して行う。

(2) クラス編成

2年次、3年次ともに文系1クラス・理系1クラスとするが、場合によってはどちらかが文理混合クラスになる。

5 その他

(1) 指定校推薦の制限

設けない。原則として、推薦によらない受験を指導する。

(2) 定期テストに関して
特進クラス、一般クラス同じ問題とする。
(3) 評価に関して
特進クラス、一般クラス同じ基準で評価する。
(4) 教科書に関して
特進クラス、一般クラス同じ教科書を使用する。

〈著者紹介〉

財前　二郎（ざいぜん　じろう）

1957年長野県生まれ。1982年4月より2018年3月まで36年間、都立高校の教員として勤務する。全日制課程、定時制課程、普通科、専門学科等の様々な課程・校種、9校を経験する。その間、進路指導主任、学年主任、教務主任、教育課程委員長、将来構想検討委員長などを務めるとともに、対外的には東京都教育委員会開発委員（2期）、文部省専門委員（3期）なども経験する。

なお、2004年4月より副校長として2校5年間、09年4月より校長として3校9年間、管理職として学校経営にあたる。18年3月、校長として定年退職を迎える。

ザ・学校社会
元都立高校教師が語る学校現場の真実

2021年10月6日　第1刷発行

著　者　　財前二郎
発行人　　久保田貴幸

発行元　　株式会社 幻冬舎メディアコンサルティング
〒151-0051　東京都渋谷区千駄ヶ谷4-9-7
電話　03-5411-6440(編集)

発売元　　株式会社 幻冬舎
〒151-0051　東京都渋谷区千駄ヶ谷4-9-7
電話　03-5411-6222(営業)

印刷・製本　シナジーコミュニケーションズ株式会社

装　丁　　伊藤水月

検印廃止

Printed in Japan
ISBN 978-4-344-93626-3 C0095
幻冬舎メディアコンサルティングHP
http://www.gentosha-mc.com/